SPRING SUMMER AUTUMN WINTER

쉽고 간편한 사계절 DIY 필수 패션 아이템

판명희의 티메이킹

쉽고 간편한 사계절 DIY 필수 패션 아이템
판명희의 티메이킹

초판 1쇄 2013년 11월 28일

지은이 판명희

펴낸이 방영배, 곽유찬
편집 심경보
디자인 강민재
일러스트 박미라
펴낸곳 다음생각

주소 경기도 고양시 덕양구 화정동 967 송화빌딩 213호
전화 031-963-2123 **팩스** 031-963-2124 **이메일** nt21@hanmail.net
출판등록 2009년 10월 6일 제2011-000148호
인쇄·제본 (주)현문자현 **종이** 월드페이퍼
ISBN 978-89-98035-25-9 (13590)

※ 책값은 표지 뒤쪽에 있습니다.
※ 파본은 본사와 구입하신 서점에서 교환해드립니다.
※ 이 책은 저작권법에 의하여 보호를 받는 저작물이므로 무단 전재와 복제를 금합니다.

SPRING SUMMER AUTUMN WINTER

쉽고 간편한 사계절 DIY 필수 패션 아이템

판명희의 티메이킹

T-making

판명희 지음

Simple

Stylish

Activity

Cutie

| 프롤로그 |

어언 10년이 넘었다.
처음엔 취미로 시작한 바느질,
내게 설레임으로 다가온 그 때를 잊지 못한다.
처음이라 서툴러 밤을 지새우며 완성하기까지 온갖 애를 쓰던 그때…
무언가를 만들어 완성하는 기쁨은 그냥 쇼핑하면서 고르는 기분과는 전혀 다른 희열감을 주었다.
아마도 정성이 듬뿍 담겨 있어서 소중함이 더 절절했던 것 같다.

오래도록 만들기를 거듭하고 시행착오를 겪으며 쌓인 노하우를
여기에 미흡하나마 누구나 쉽게 만들수 있도록 공개하고자 한다.
꼭 전문가가 아니더라도 관심을 가지고 따라오다보면
내 옷을 직접 만들어 입고 다니는 행복감을 느낄 수 있을 것이다.

쉽게 포기하지 말고 꾸준히 하다보면 누구나 디자이너가 될 수 있다.
난 오늘도 끊임없이 바느질을 한다.
밥 먹듯…
커피 마시듯…

이 즐거움이야 말로 나에겐 싫증나지 않는 영원한 **행복**이다.

CONTENTS

프롤로그   4

One 　티메이킹

활용도가 좋은 기본 라운드 T   10
간절기에 입으면 좋은 브이넥 T   12
목선을 부드럽게 카울넥 T   14
부드럽게 목을 감싸주는 목폴라 T   16

Two 　원피스 &

여름에도 겨울에도 큐티룩 원피스 (여름&겨울)   20
실용성과 귀여움을 지닌 후드 나글란 원피스   22
실용성과 귀여움을 지닌 셔츠형 원피스   24
어떤 옷과도 잘 어울리는 롱 레이어드   26
심플하면서도 로맨틱한 튜닉 레이어드   28
발랄하고 상큼한 티어드 스커트   30
독특한 패턴의 큐롯 미니 팬츠   32
리폼: 청바지 플러스   34

Three 　코트류

전천 후 만능 후드 집업 점퍼   38
반팔로 만드는 후드 가오리 카디건   40
올리브 그린 테일러드 자켓   42
쇼울 칼라 카디건   44
실용성과 귀여움을 지닌 성인 카디건   46
멋스러운 판초   48

Four ● 키즈룩 보이

활동하기에 좋은 편안한 상하복	52
아가일 패턴으로 만드는 아가일 V넥 조끼	54
보기만 해도 따뜻한 아이 어그 코트	56
남자아이 드로즈 팬티	58
남자아이 카디건	60

Five ● 키즈룩 걸

장미꽃만큼 사랑스러운 후드 아우터	64
푸근한 후드 양면조끼	66
아이 시원해 여름 끈 원피스	68
깜찍 발랄한 프릴 퍼프상의	70
러블리 러블리 민소매 프릴원피스	72
상큼 깜찍 딸기 나염 원피스	74
크림노랑과 빨강이 레깅스	75
색색이 나글란 T	76

Six ● 소품

미니 미니 실용 주머니	80
간단하지만 포인트가 되어주는 타이	81
귀엽고 따뜻한 어그 부츠형 룸슈즈	82
실용성과 귀여움을 지닌 코디 후드	83
가죽과의 조합으로 멋스러운 시크릿 숄더백	84
바느질 없이 만드는 수술 머플러	85

만드는 법   86

깔끔하고 누구나 즐겨입는 T입니다.
라운드T 부터 목폴라T 까지 개성에 맞게
만들어 착용해 보세요.

1부

티메이킹

> 1부
> 티메이킹

활용도가 좋은 기본
라운드 T

언제 어디서나 편하게 입기 좋은 라운드 T입니다.
T메이킹의 기본이라고 할 수 있습니다.
커플룩, 패밀리룩으로 만들어 입으면 더욱 좋습니다.
컬러별로 만들어서 그날그날 날씨에 따라 바꿔 입는 건 어떨까요?

How to make 88pg

1부
티메이킹

간절기에 입으면 좋은

브이넥 T

간절기에 심플한 티셔츠 위에 걸치기에 좋습니다.
청바지, 면바지 어디에나 잘 어울립니다.
경쾌한 다이아몬드 패턴이 아이의 얼굴을 더욱 빛나게 합니다.

How to make 90pg

DETAIL CUT

목선을 부드럽게
카울넥 T

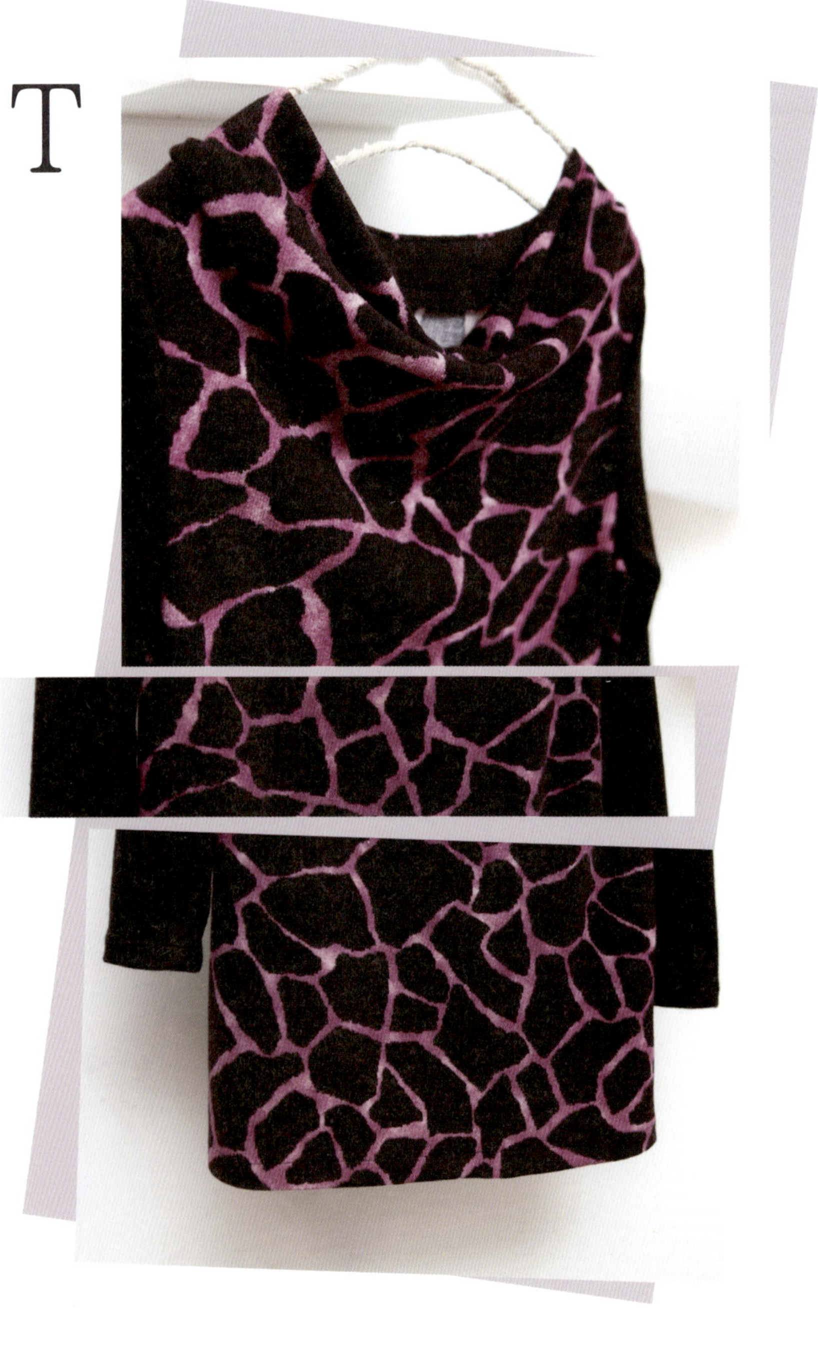

How to make 92pg

목선이 부드럽게 떨어지는 카울넥 티입니다.
조금은 화려한 패턴을 사용하여 여성스러움을 강조하였습니다.
길이를 조금 길게 하여 레깅스와 코디하면 원피스로도 입을 수 있습니다.

1부
티메이킹

목폴라 T
부드럽게 목을 감싸주는

How to make 94pg

바람이 조금만 차가워져도 목이 허전한 듯해요. 그럴 때에는 목까지 올라오는 폴라 T 하나 입으면 그만이죠.
목 길이는 원하는 대로 조절하여 만들어 보아요. 보통의 폴라 T셔츠보다 조금 길게 하면 멋스러워지고요.
폴라 T가 답답한 사람은 길이를 조금만 줄여도 좋아요.

가장 편안한 아이템중 하나인 원피스 입니다.
여름에 가볍게 입을 수 있는 큐티룩원피스 부터
겨울 외출용 원피스, 스커트까지 다양한 아이템이 준비되어 있습니다.
자신에게 맞는 아이템부터 하나씩 만들어보면 어떨까요?

2부

원피스 &

2부
원피스 &

여름에도 겨울에도
큐티룩 원피스 (여름&겨울)

여름에 가장 편안한 아이템 중 하나가 원피스죠?
얇은 원단으로 만들어 시원하고, 간편하게 만들 수 있어 좋습니다.
자신에게 어울리는 컬러 원단을 선택하여 세상에 하나밖에 없는 원피스를 만들어 입어 보아요.
조금 두툼한 소재를 선택하면 겨울용 큐티룩 원피스가 됩니다.

How to make 96pg

Cutie look Onepiece

2부
원피스 &

How to make 98pg

실용성과 귀여움을 지닌

후드 나글란 원피스

집 안이라고 추리닝만 입고 계시진 않죠?
집에서 입으면 정말 편안한 원피스입니다.
모자와 전면에 주머니를 달아주어
귀여움과 실용성을 더했습니다.

2부
원피스 &

캐주얼한 룩이 돋보이는 셔츠형 원피스입니다.
조금은 두툼한 누빔 소재를 사용하여 일반 셔츠와는 다른 독특함을 주었습니다.
얇은 소재를 골라 만들어 카디건과 코디하여 입어도 좋은 아이템입니다.

> 2부
> 원피스 &

어떤 옷과도 잘 어울리는
롱 레이어드

여름에는 민소매 셔츠, 겨울에는 목폴라 셔츠에 척 걸치기만 해도 멋스러운 롱 레이어드입니다.
원피스로 입어도 좋고요, 레깅스나 스키니진과 코디해도 예쁘게 입을 수 있답니다.
아랫단을 자연스럽게 재단한 내추럴 핏이 포인트입니다.

How to make 102pg

2부
원피스 &

심플하면서도 로맨틱한
튜닉 레이어드

여성스러운 아름다움이 돋보이는 레이어드 원피스입니다.
하이웨이스트로 다리가 길어 보이며 어깨를 살짝 덮어 팔도 날씬해 보이죠?
블랙 컬러의 차분한 이미지에 리본 핀 하나로도 로맨틱 룩이 완성됩니다.

How to make 104pg

발랄하고 상큼한
티어드 스커트

일명, 캉캉 스커트라고 하죠?
미니 티어드 스커트로 발랄하고 사랑스러운 룩이 완성되는 아이템입니다.
꽃 패턴으로 더욱 사랑스러운 분위기를 줍니다.
다른 컬러를 선택하거나 다른 소재를 이어주어도 좋습니다.

How to make 106pg

2부
원피스 &

독특한 패턴의
큐롯 미니 팬츠

DETAIL CUT

How to make 108pg

mini pants

개더 미니 스커트 분위기로
연출 가능한 큐롯 미니 팬츠입니다.
사슴과 눈꽃 문양의 원단을 사용하여
크리스마스 시즌에
입으면 좋을 것 같아요.

2부
원피스 &

리폼:
청바지 플러스

How to make 110pg

● ● 청바지 하나쯤은 다 갖고 계시죠? 하지만 청바지의 유행이 빨라도 너무 빠릅니다.
유행이 지난 청바지는 가방으로 리폼해도 좋고, 이렇게 스커트로 리폼해도 좋습니다.
윗부분을 살려 재단하고 아래에 여성스러운 원단을 덧대어 프릴 스커트가 완성되었답니다.

찬바람이 불기 시작하면 꼭 필요한 코트류 입니다.
겨울용부터 봄, 가을에 필요한 카디건까지 다양한 품목으로
자신의 패션 스타일을 바꿔보세요.

3부

코트류

3부
코트류

How to make 112pg

전천 후 만능
후드 집업 점퍼

남녀노소 불문하고 하나씩은 갖고 있는 아이템이죠?
누빔 소재를 사용하여 보온성을 높였습니다.
청바지, 원피스, 어떤 아이템과도 잘 어울립니다.
조금 추운 날씨에는 다운 베스트와 코디해도 좋습니다.

> 3부
> 코트류

반팔로 만드는

후드 가오리 카디건

반팔로 만들어 본 후드 가오리 카디건입니다
가오리 핏으로 만들어 루즈하게 입을 수 있습니다
단추는 장미꽃 문양이 들어간 원단으로 감싸줘 포인트를 주었답니다
한여름을 빼고는 여름에 민소매 티와 입으면 좋겠죠?

How to make 114pg

DETAIL CUT

41

3부
코트류

올리브 그린
테일러드 자켓

How to make 116pg

눈길을 사로잡는 올리브 그린 컬러의 누빔 원단을 사용한 테일러드 자켓입니다.
테일러드 칼라 부분과 소매에 스웨이드 소재로 덧대어 캐주얼한 룩을 완성하였습니다.
청바지와 매치하면 더욱 멋스러운 자켓입니다.

찬바람이 불기 시작할때 T셔츠나
셔츠 위에 걸치면 참 좋은 카디건입니다.
두껍지 않은 원단을 사용하여 한겨울에
코트 안에 입어도 둔하지 않습니다.
마름모꼴 패턴과 네이비 컬러
조합으로 만들었는데요.
원하는 스타일의 조합으로
색다른 카디건을 만들어 보아요.

How to make 118pg

DETAIL CUT

3부
코트류

실용성과 귀여움을 지닌
성인 카디건

How to make 120pg

● ● ● 봄, 가을에 입기 좋은 카디건입니다.
카디건은 소재와 컬러에 따라 다양한 연출이 가능합니다.
이 아이템은 기본 카디건입니다. 니트 소재로 포근한 느낌을 주고, 초록 컬러로 상큼함을 줍니다.

3부 코트류

멋스러운 **판초**

조금은 독특한 분위기를 내고 싶을 때 판초룩 어때요?
멕시코 전통의상으로 심플하면서도 멋을 내기에 좋은 아이템입니다
겨울에 코트 안에 하나 걸쳐 입기에 편하며, 보온성도 좋습니다

How to make 122pg

활동성이 좋은 아이들에게 필요한 실내복과
멋스러운 V넥 조끼, 카디건 등
실용적인 아이템과 패션 아이템을 모았습니다.
아이에게 꼭 필요한 아이템부터 하나씩 만들어보면 어떨까요?

4부

키즈룩 보이

활동성이 좋은 아이들에게는 편안한 실내복이 최고입니다. 아이가 좋아하는 공룡, 고양이 등
여러 가지 모양의 옷감을 엄마가 직접 골라서 만들 수 있으니 좋아요.
주머니를 달아 실용성을 높였습니다.

DETAIL CUT

How to make 124pg

4부
키즈룩 보이

아가일 패턴으로 만드는
아가일 V넥 조끼

아가일 패턴이 산뜻하고 참 경쾌해 보이죠?
클래식한 패치를 달아주니 산뜻함에
고급스러움까지 더해준답니다.
아빠와 아들, 부자 커플룩으로 만들어
입기에 좋은 아이템입니다.

How to make 126pg

안감을 어그램스로 덧대어 만든 깜찍한 어그 코트입니다.
모자를 달아줘 보온성을 높였습니다.
주머니와 소매 끝에 양털로 포인트를 주었습니다.

4부
키즈룩 보이

남자아이
드로즈 팬티

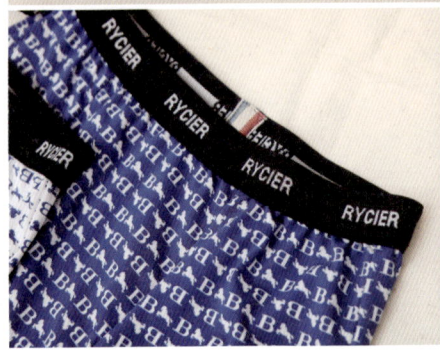

How to make 128pg

● ● 말이 필요 없는 아이템이죠.
겉옷뿐만 아니라 아이의 속옷도 직접 만들어 입혀 보아요.

4부
키즈룩 보이

남자아이
카디건

봄, 가을 외투 대신 입으면 좋은 카디건입니다
면 카디건은 어디서든 입기 좋고, 관리하기도 편해서 좋은 아이템입니다
알록달록 색색이 단추로 포인트를 주었습니다

귀엽고 사랑스러운 우리아이의 옷을 엄마와 함께 만들어보세요.
집에서나 외출용으로 만들어 입으면 패션리더로 변신 가능하지 않을까요?

5부
키즈룩 걸

5부
키즈룩걸

장미꽃만큼 사랑스러운
후드 아우터

How to make 130pg

●● 사랑스러운 장미꽃 원단과 이중 거즈 원단을 안감으로 사용하여 만든 외투입니다.
꽃피는 봄에 입으면 더욱 사랑스러운 외투입니다.
특히나 딸아이는 크면서 한번은 핑크와 사랑에 빠지잖아요.
핑크 단추로 포인트를 주었답니다.

5부
키즈룩걸

푸근한
후드 양면조끼

활동성이 많은 아이들은 둔하게 입는 거
싫어하잖아요.
후드 양면 조끼로 아이의 활동성을 높여주세요.
양털 원단과 모자를 달아주어 따뜻해요.
그리고 일명,
떡볶이 단추를 달아주었더니 귀엽죠?

5부
키즈룩걸

아이 시원해
여름 끈 원피스

How to make 132pg

D E T A I L   C U T

별다른 디자인과 장식이 없어도 시원하고 사랑스러운 아이 원피스입니다.
여름철 시원하게 입기에 이만한 원피스는 없겠죠?
엄마랑 같이 커플룩으로 입어도 참 예쁜 아이템입니다.

5부 키즈룩걸

깜찍 발랄한 **프릴 퍼프상의**

How to make 134pg

별다른 디자인과 장식이 없어도
시원하고 사랑스러운 아이 T셔츠입니다.
여름철 시원하게 입기에 이만한게 없겠죠?
엄마랑 같이 커플룩으로 입어도 참 예쁜 아이템입니다.

물방울 문양의 스커트와 프릴로 만든 러블리한 원피스.
스커트 아래 레이스 프릴을 달아주어
더욱 사랑스러운 원피스 룩이 완성되었답니다.
여름에는 시원하게 입혀 좋고,
봄에는 카디건 하나 간단히 걸쳐주면 좋아요.

DETAIL CUT

How to make 136pg

5부
키즈룩걸

🍓 상큼 깜찍
딸기 나염 원피스

딸기 누빔으로 만드는 **원피스**입니다.
코듀로이 원단 주머니와 딸기 단추로
귀여움을 완성했습니다.
이 원피스 위에 빨간 카디건 하나 걸쳐 주면
더욱 사랑스럽겠죠?

How to make 138pg

크림 노랑과 빨강이 # 레깅스

가장 활용도 좋은 아이템 중 하나가 레깅스죠?
색깔별로 만들어놓고 입으면 참 좋아요.
무릎과 엉덩이에 빨간 원단과 빨간색 실 스티치로
포인트를 주었습니다.

How to make 140pg

색색이 나글란 T

노란색과 연보라색의 조합이 달콤한 나글란 T 셔츠입니다. 앞에 스마일 스티치를 넣어주었더니 더욱 개구쟁이처럼 보이죠?
면바지, 청바지 등 어떤 바지와도 잘 어울리는 아이템입니다.

T-Making Kids Look Girl Raglan T

주머니, 타이, 슈즈, 숄더백 등 생활에 필요한 소품들입니다.
간단하게 만들어 멋과 실용성을 갖추어 보세요.

6부

소풍

미니 미니
실용 주머니

How to make 142pg

여자들의 필수품인 파우치를 작게 만들어 보았습니다.
미니 주머니답게 귀여운 레이스도 달아주고
귀여운 문양의 패치도 달아주었습니다.
초보자들도 쉽게 만들 수 있는 아이템입니다.

간단하지만 포인트가 되어주는
타이

How to make 144pg
앞뒤를 다른 패턴으로 만들어보았습니다

남자 아이의 경우에는 타이 하나만 매칭해 주어도 포인트가 됩니다
특별한 날, 의상만으로는 뭔가 부족하다면, 타이로 힘을 줘 보아요
자투리 천으로 색색이 만들어 놓으면 아주 좋은 소품 중 하나입니다

귀엽고 따뜻한
어그 부츠형 룸슈즈

How to make 146pg

보통의 슬리퍼형 룸슈즈도 좋지만,
추운 한겨울에는 이렇게 특별한
어그 부츠형 룸슈즈 하나만 있어도
따뜻하게 보낼 수 있습니다.
식구들마다 한 켤레씩 만들어
신으면 예쁘겠죠?

How to make 148pg

실용성과 귀여움을 지닌
코디 후드

추운 한겨울에는 코디 후드하세요.
코트 위에 척 걸치기만 하면 코디가 완성됩니다.

6부
소품

가죽과의 조합으로 멋스러운
시크릿 숄더백

실용성과 멋스러움이 함께하는 숄더백입니다.
조금은 다른 레드 스트라이프 원단과 브라운 계열의 가죽 조합으로 경쾌하고 캐주얼한 룩을 만들어줍니다.
명품가방 부럽지 않죠?

How to make 150pg

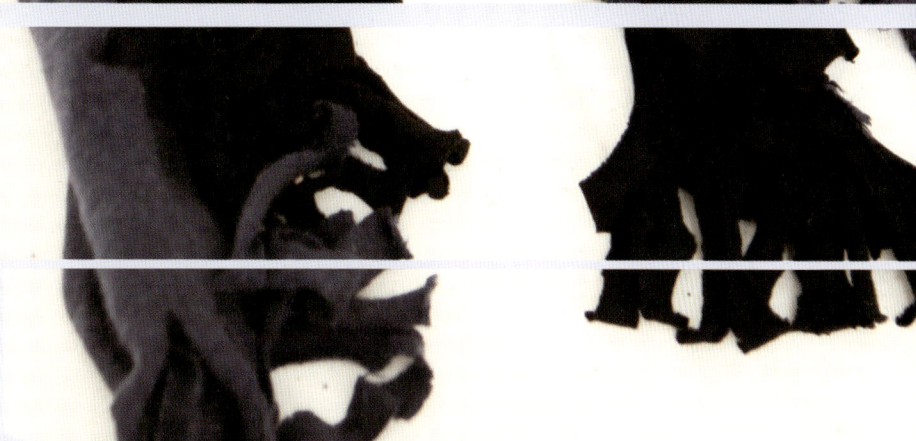

바느질 없이 만드는
수술 머플러

How to make 154pg

바느질도 필요 없는 초간단 머플러입니다.
가위 하나만 있으면 완성.
초 간단해도 정말 멋스러운 아이템입니다.

How to make

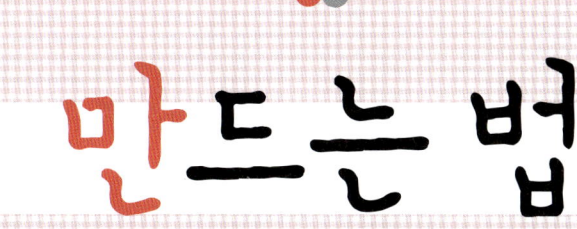

만드는 법

이것만은 꼭!

★ 만들기에 소개된 모든 옷은 아이 옷은 치수별 3·5·7·9세, 어른 옷은 M·L 사이즈를 기준으로 하였습니다
★ 도안과 만들기 과정에 표기된 수치는 cm 기준입니다
★ 재단하기에서 별도의 시접 사이즈를 표기하지 않은 것은 모두 기본 시접 1cm로 하면 됩니다
★ 만들기 과정 중 '바느질'이라고 표기한 것은 박음질로 하면 됩니다
★ 바느질하기에서 바느질 선에 대한 별도의 수치나 위치를 설명하지 않은 경우, 완성선을 따라 바느질하는 것을 원칙으로 합니다
★ 바늘, 자, 가위, 수성 초크 등의 기본 도구는 재료에 별도로 표기하지 않았습니다
★ 부록 도안에는 어른 M·L 사이즈, 아이 3·5·7·9세 사이즈의 실물 옷본이 실려 있습니다

라운드 기본 T

재단하기

준비: 뒤 1장, 앞 1장, 소매 2장, 목 고무단(23x5) 1장, 포인트 라벨 1장, 주머니 포인트 스타일10x15 1장

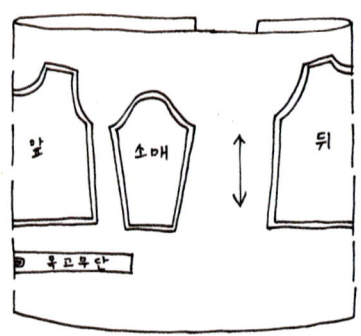

바느질 시작

1. 상침박음 고정하기
앞판 가슴 오른쪽 부분에 포인트를 살려 비스듬하게 사방 5mm 간격으로 상침박음 고정하세요. 포인트 라벨을 엇갈리게 위에 한번 더 얹어 박는걸로 스타일화 할 수 있습니다.

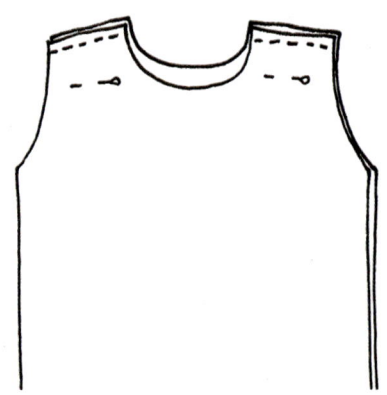

2. 어깨 합봉하기
겉과 겉 마주하여 어깨 합봉한 후 오버록 하세요.

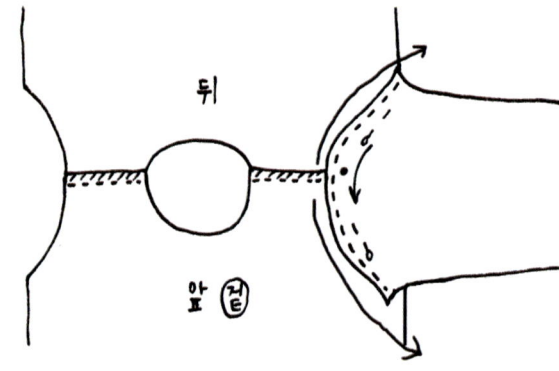

3. 소매중심과 어깨중심 박음질하기
겉이 보이게 펼친 후 소매중심과 어깨중심 마주대고 진동박음 하세요. ★소매의 앞/뒤 구분하여 마주한 후 오버록 하세요.

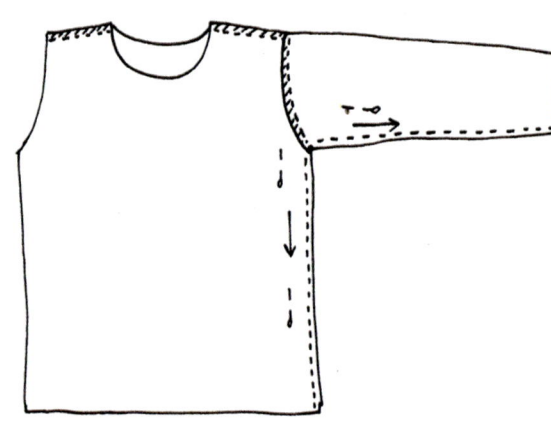

4. 옆선작업
겨드랑이 중심잡아 옆선 쪽, 소매 하단 쪽 박음한 후 오버록 하세요.

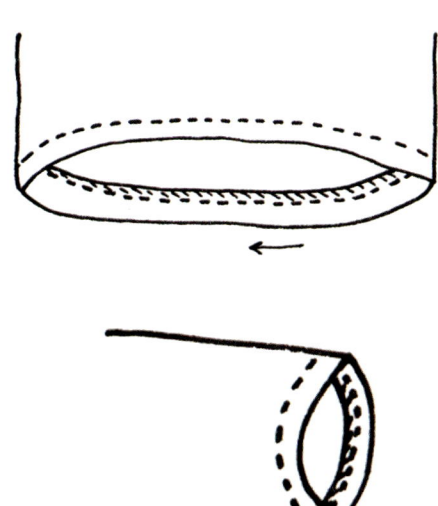

5. 밑단과 소맷단 박음질하기
밑단과 소맷단 모두 오버로크한 후 밑단은 2cm 한번 꺾음으로 박음하세요. 소맷단은 1.5cm 한번 꺾음으로 박음하세요.

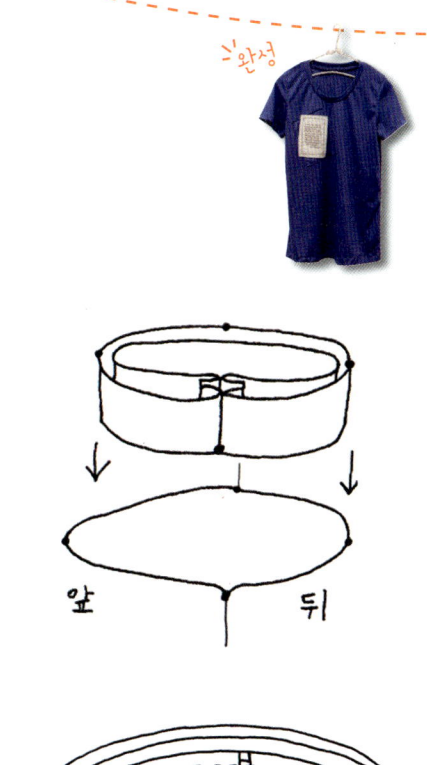

앞 뒤

7. 목부분 고무단 박음질
몸판에 목 고무단을 끼워 고무단만 당겨 일치해 박음한 후 오버로크 하세요.
겉에서 상침 2mm 스티치로 눌러박으세요.

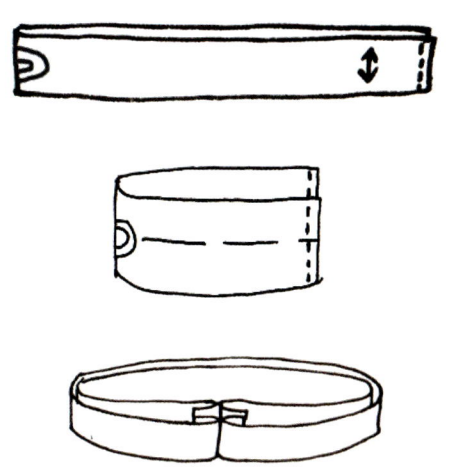

6. 초크 표기
목 고무단은 몸판 목둘레의 약 70% 정도 설정하여 몸판 옆선 합봉라인부터 4등분한 지점에 초크표기 하세요.
목 고무단 역시 옆 폭 합봉 후 폭을 반접어 겉이 보이게 2.5cm로 접은 후 4등분 초크표기 하세요.

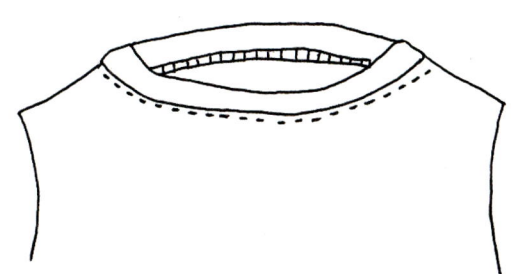

8. 마무리
단처리 박은 후 주글거리는 부분은 스팀다리미로 열을 쏘아주어 깔끔하게 정돈하여 마무리 하세요.

브이넥 T

재단하기

편안한 66 free 사이즈
준비: 원단은 1y 소요. 장식용 포인트 단추 2개. 주머니는 포인트로 바탕 원단에 어울릴 만한 나염 1장.

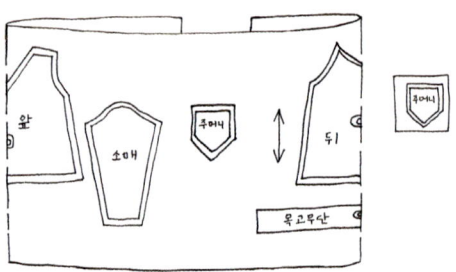

바느질 시작

1. 포인트 주머니 만들기
주머니 5부분 모두 오버로크 작업하세요. 윗시접에 15mm 접착테이프를 나란히 다림열로 부착하고, 윗시접은 3cm 한 번 꺾고, 나머지는 7mm정도 미리 꺾어 두세요.

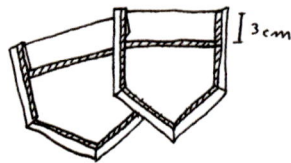

2. 주머니 작업
윗시접 3cm 다린 부분 그대로 오버로크 선에 맞춰 박음질하세요. 같은 원단 1장, 나염 포인트 원단 1장.

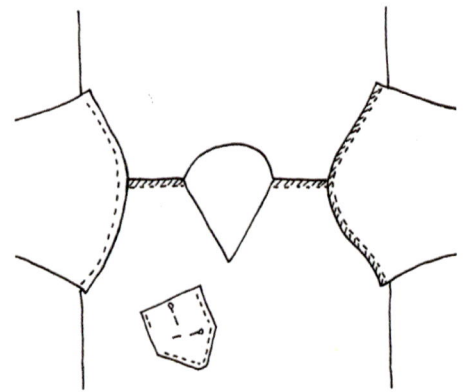

3.
앞판 주머니 달 곳 오른쪽 상단에 주머니를 삐딱하게 겹쳐지도록 시침핀을 고정해 2mm 상침으로 박음질하세요. 남자 옷이라면 왼쪽 가슴에 위치하도록 해주세요.

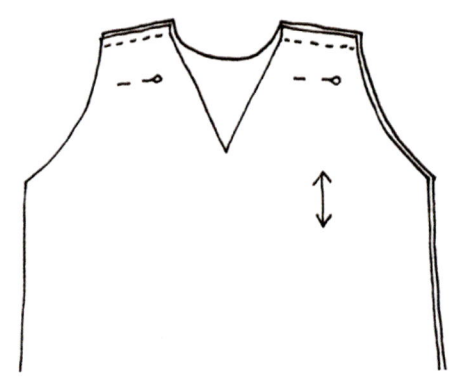

4. 어깨 부분
뒤판과 앞판을 마주하여 박음질하고 오버로크하세요.

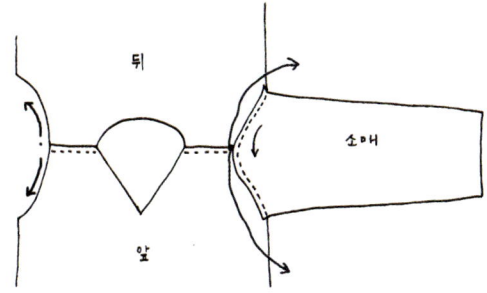

5. 소매 부분
펼쳐서 어깨 중심과 소매 진동 중심을 마주하여 양쪽으로 합봉하고 오버로크하세요.

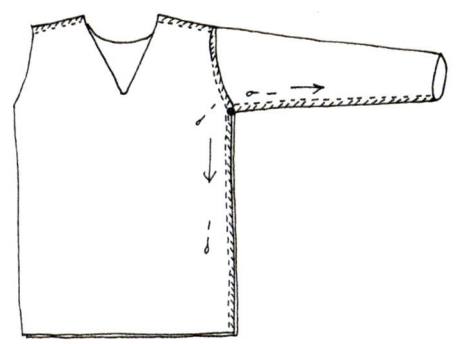

6. 옆선 작업
겨드랑이 중심을 잡아 소매하단 쪽과 옆선 쪽을 박음질한 후 오버로크하세요.

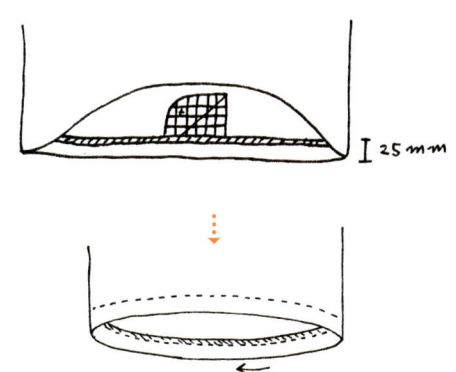

7. 밑단 작업
밑단은 오버로크한 후, 아이론시럽자를 활용해 다림열로 25mm 한 번 꺾어둔 후 박음질하세요.

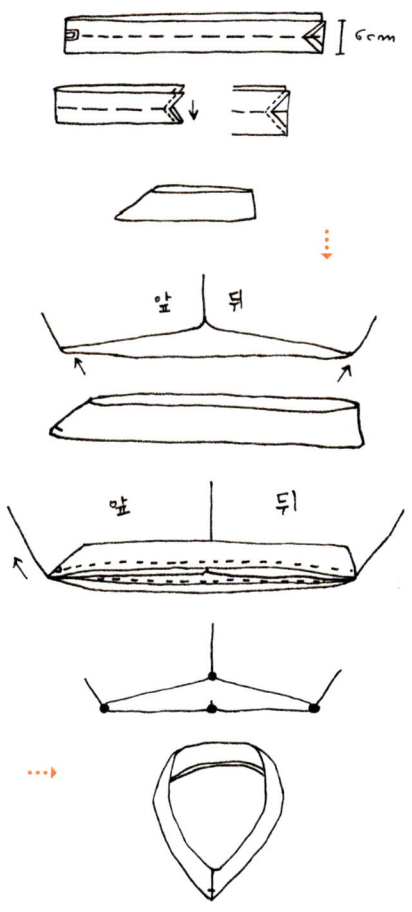

8. 목 부분 고무단 박음질
먼저 목 부분 몸판의 80% 정도 가로 부분은 푸서방향으로 길이를 설정하고, 세로폭은 6cm로 재단하세요. 세로폭의 반인 3cm는 라인을 잡아 박은 후에 잘라 주세요.
폭을 반 보이게 접으면 앞 중심을 포어어 일시 두어땀 박아 흔들리지 않게 고정해 주세요.
목 고무단을 4등분 초크 표시한 후, V넥 몸판 앞 중심과 고무단 라인에 맞춰 4등분 시 고무단만 당겨 합봉하고 오버로크하세요. 여기서 중요한 것은 앞 중심이 일자가 되도록 똑바로 라인을 살리는 것입니다.

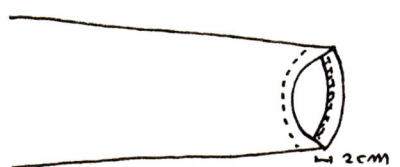

9. 마무리
소매도 오버로크한 후, 2cm 한 번 꺾어 박음질하고 스팀열로 마무리하세요.

카울넥 T

멋스러운 디자인을 연출할 수 있는 카울넥 아이템이에요.
T셔츠로 입어도 예쁘고 20cm정도 길이를 연장해서 원피스로 입어도 좋아요.

재단하기

준비: 앞 1장, 뒤 1장, 소매 2장, 뒤 넥 안단 1장

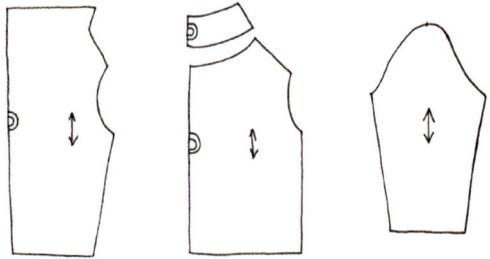

바느질 시작

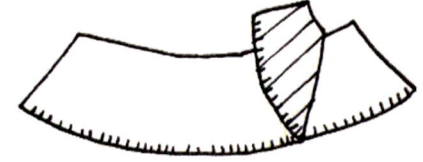

1. 뒷 안단 작업
뒤 넥 안단을 오버로크하고 접착심지 다림으로 미리 붙여두세요.

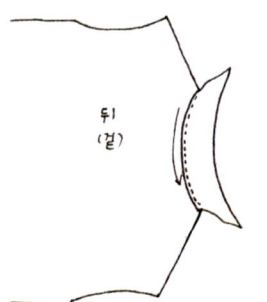

2. 뒷 안단 합봉
뒤판 겉과 뒤 넥 안단 접착해둔 것의 겉을 마주하여 박음질하세요.

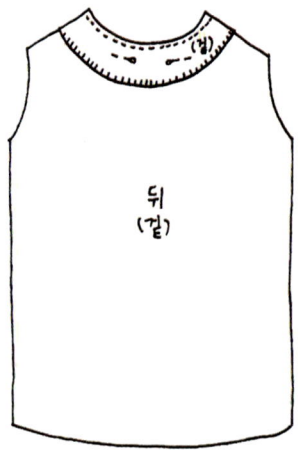

3. 뒷 넥 상침하기 고정
안으로 넥 안단을 넘겨 그 위에서 시접 3장을 몰아 2mm 상침으로 눌러 박으세요.

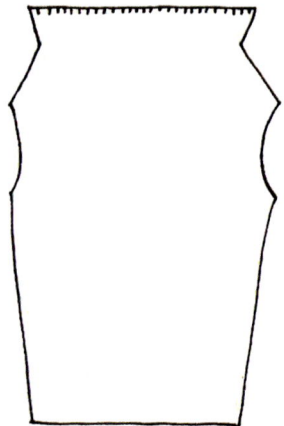

4. 앞 카울넥 부분
앞판 목 부분을 오버로크하세요.

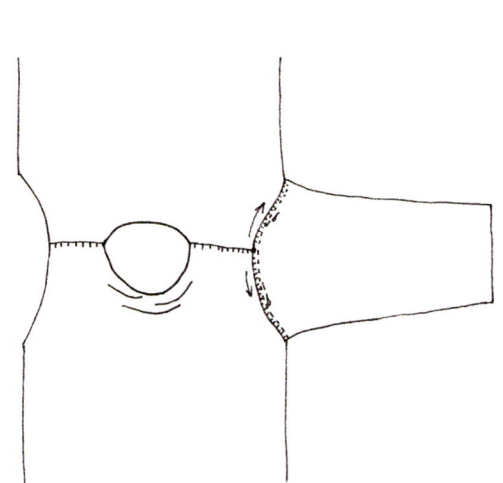

5. 어깨 합봉
겉과 겉의 어깨를 마주했을 때 앞판 어깨에 5mm 정도의 주름이 2개 생기도록 여유를 두고 양쪽 어깨를 일치하게 하세요. 뒤 넥 안단은 사이에 끼워질 것이고 앞판 카울넥 부분이 감싸져서 한 번에 박음질할 수 있습니다.

6. 어깨 부분을 오버로크하세요.

7. 진동 합봉
어깨 겉 중심과 소매 중심을 마주하여 앞과 뒤를 구분하여 진동을 합봉하고 오버로크하세요.

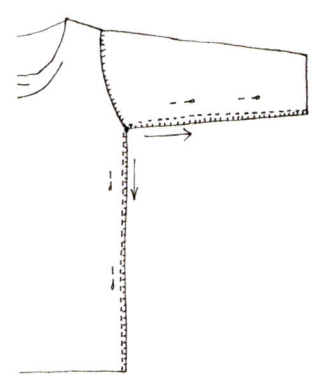

8. 옆선 합봉
겨드랑이 중심을 마주하여 소매와 옆선 쪽을 합봉하고 오버로크하세요.

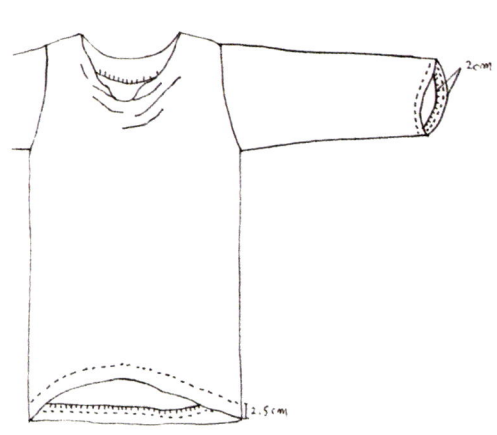

9. 밑단 처리
소매 끝단을 오버로크하고 2cm 한 번 꺾음으로 마무리하고, 밑단 역시 오버로크하고 2.5cm 한 번 꺾음으로 마무리하세요.

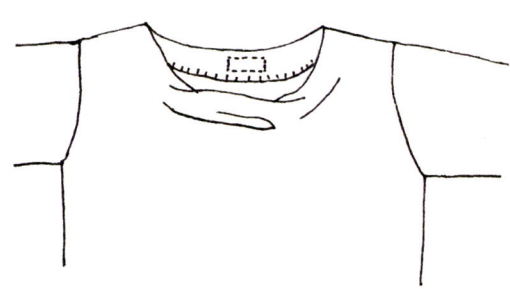

10. 상침박음 고정하기
뒤 넥 안단이 펄럭거리지 않도록 중심에서 직사각형 라인을 만들어 자리 위에서 상침 박음으로 고정하세요.

목폴라 T

★ 원단은 핏감을 살리기 위해 스판끼 있는 소재가 좋고 스판끼 없는 니트의 경우는 품여유를 전체적으로 1~2센티 더 여유를 두면 좋습니다. 윗실 면사 & 밑실 스판사로 셋팅하고 니트전용바늘 사용은 필수입니다.

★ 일단 현재 평균사이즈 100과 105가 있지만 몸칫수가 누구나 같은 규격이 아니므로, 100기준으로 마른 95경우는 품을 1cm 정도 줄여주고 105경우인데 비대한 경우 품을 1cm 여유 더 주는 수정방법을 적용하면 좋습니다.

재단하기

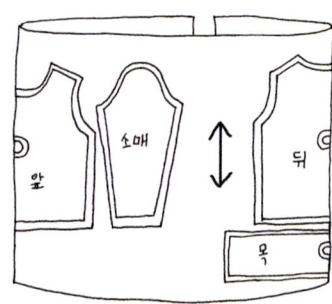

바느질 시작

1. 어깨 합봉
실물패턴 그대로 실선을 잘라 옮겨 겉과 겉을 마주하여 어깨를 합봉하세요.

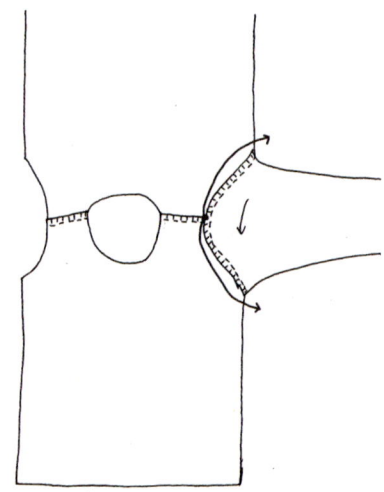

2. 소매 부분
겉이 보이게 펼친 후 시접은 모두 앞판에서 뒤판으로 넘긴 후 어깨중심과 소매 겉 중심과 마주하여 진동 합봉하세요.

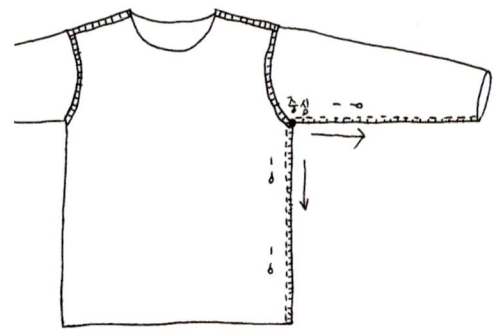

3. 옆선 작업
겨드랑이 중심을 맞추어 소매쪽으로 시접을 넘기고 소매, 옆선을 합봉하세요. (오버로크)

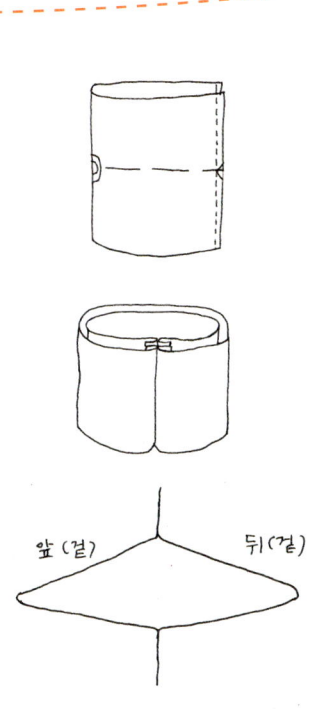

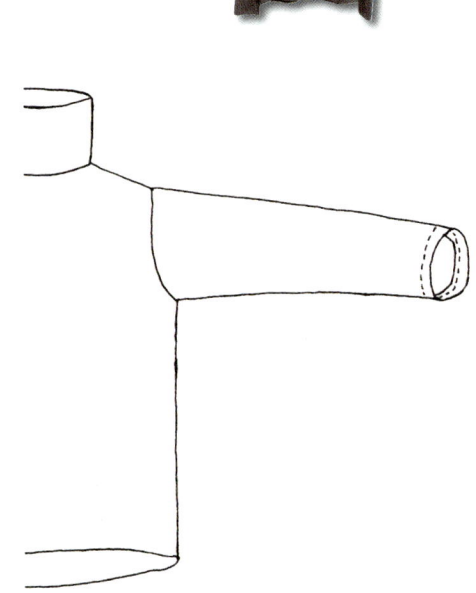

4. 소매 끝선, 밑단 작업
소매 손목부분 끝선 오버로크치고, 밑단도 모두 오버로크친 후 손목은 15mm 한번 꺾어 박음하세요. 밑단은 20mm 한번 꺾어 박음하세요.

6. 초크 표기
합봉된 자리와 반접은 부분 1/2등분 초크 표기하세요.

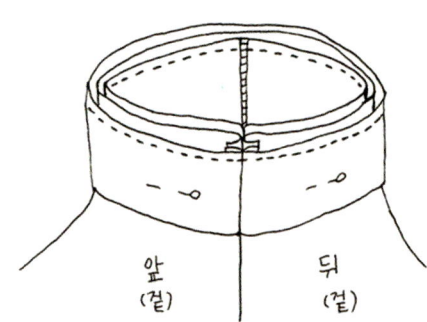

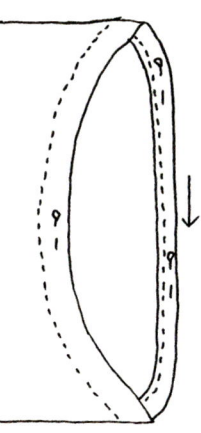

5. 목 부분 작업
폴라 목 부분 반접힌 그대로 세로 합봉 후 가운데 중심 가윗밥을 2번 cut. 시접을 가름솔로 펼쳐 겉이 보이게 두겹으로 접으세요.

7. 마무리
목둘레 몸판도 뒷중심과 앞중심 표기한 후 목폴라 부분 시보리를 ⑥번 합봉한 이음선이 뒤판 중심에 가도록 시침핀을 꽂고 목폴라 부분만 조금 당겨 일치시킨 후 오버로크 하세요.

큐티룩 원피스(여름용)

큐티룩은 소재에 따라 다양하게 즐길 수 있는 레이어드 연출이 가능한 아이템이에요. 편안한 free 사이즈로 누구에게나 쉽게 어울립니다. 레이온이 혼용된 소재를 활용하면 여름에 시원한 원피스를 즐길 수 있답니다.

재단하기

1y 20cm 정도면 1폭으로 완성 가능.
앞판 포인트 - 스커트 부분이 골선이고 상판 윗부분만 절개인 것이 특징.
길이도 내 마음대로 조절한다. 상의로 입을 때는 패턴 그대로, 원피스로 입을 때는 15~20cm 정도 원하는 대로 길이를 연장해 응용할 수 있습니다.

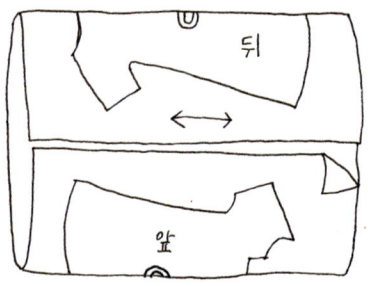

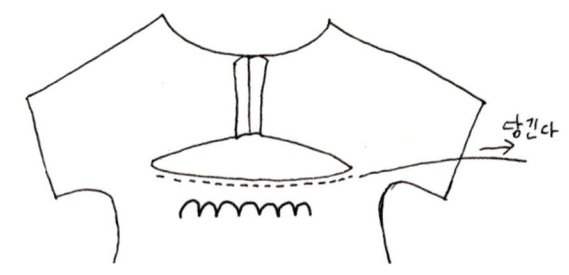

2. 앞판 주름 만들기
바로 아래 골선인 여유 부분을 5mm 간격으로 되박음질하지 말고 일자박기한 후, 밑실을 양쪽에서 실당김하여 프릴을 만드세요. 이때 상판 윗부분과 합봉하기 위해 같은 길이로 프릴을 당겨 두세요.

바느질 시작

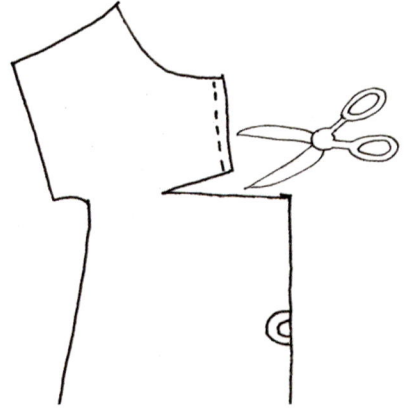

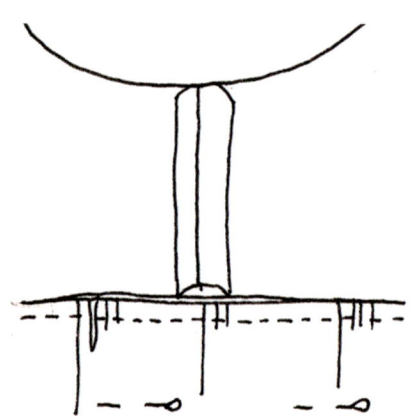

1. 앞판 주름 위 중심 합봉
앞판의 상판 윗부분 겉과 겉을 마주하여 박음질한 후에 가름솔하세요.

3. 마주하여 박음질하고 오버로크하세요.

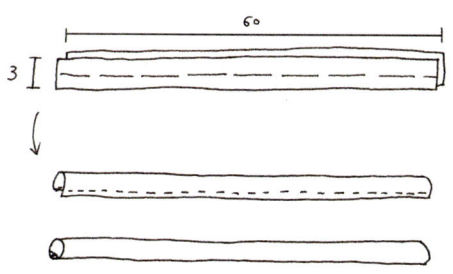

4. 뒤끈 재단하기
루우즈 핏감을 살리고 싶을 시 3×60cm 2장을 재단하여 3cm 폭을 반 접어 박음 후 고리뒤집개로 뒤집어 놓으세요. 뒤끈 묶음을 만들기 위한 작업입니다.

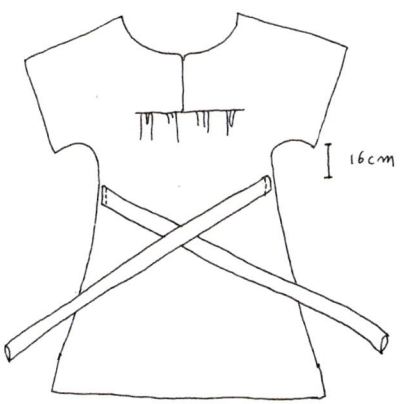

5. 끈부분 고정 작업
겨드랑이선에서 16cm 내려가 앞단 옆선에 끈을 되박음질하여 고정하세요.

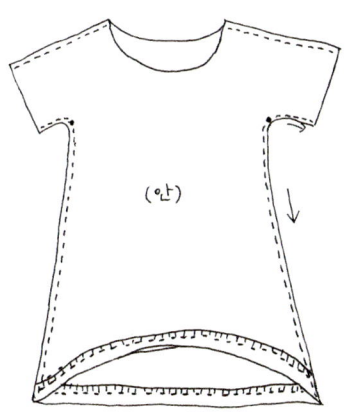

6. 어깨 합봉하기
겉과 겉을 마주하여 어깨를 합봉하고 오버로크하세요.

7. 옆선 합봉하기
옆선을 마주하여 합봉하고 오버로크하세요.

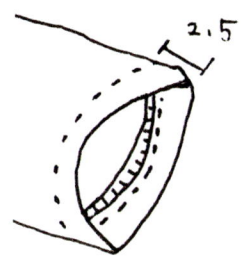

8. 밑단 작업
밑단은 오버로크한 후, 2.5cm 한 번 꺾어 다림한 후 박음질하세요.

9. 소매 단 작업
소매라인도 오버로크한 후, 2cm 한 번 꺾어 다림한 후 박음질하세요.

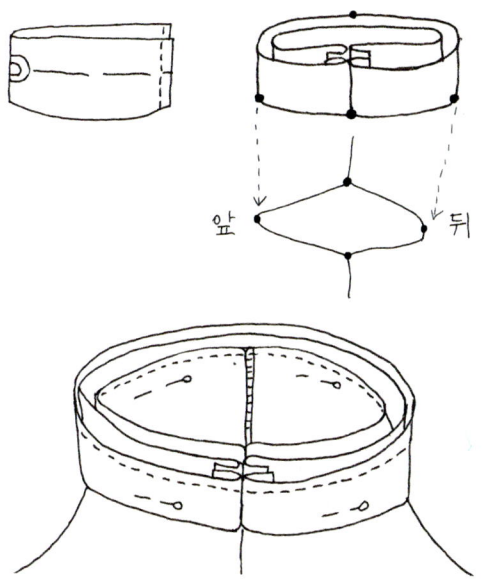

10. 목 부분
목라인은 신축 테이프 접밴드를 당겨 박으면서 마무리하면 깔끔해요.

가을, 겨울용
* 방법은 모두 같고, 4번의 뒤끈만 생략합니다.
원단은 포근한 Aw 혼용을 선택하시면 좋아요.
목 부분 골지 고무단 가로20cm×세로16cm 1장 접어서, 팔부분 골지 고무단 가로20cm×세로13cm 2장을 접어서 고무단 처리하는 스타일입니다. 레이어드해서 속티와 레깅스와 함께 연출하면 멋스러워요.

후드 나글란 원피스

재단하기

free 사이즈
준비: 미니쭈리 1y 1/2, 윗실 검정 면사, 밑실 스판사 검정, 니트전용 바늘, 포인트 끼움라벨 1개, 뒤판 1장, 앞판 1장, 소매 2장, 후드 2장, 주머니 1장, 주머니 고무단 12×5cm 2장, 목 테두리 고무단 25×5cm 1장, 손목 고무단 10×12cm 2장(목 테두리 고무단과 손목 고무단에는 골선 표시가 꼭 있어야 함)

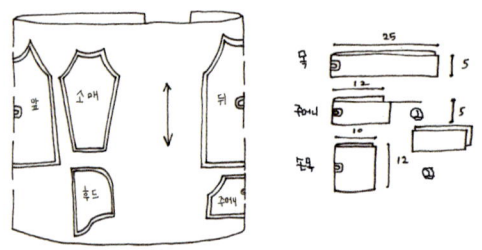

바느질 시작

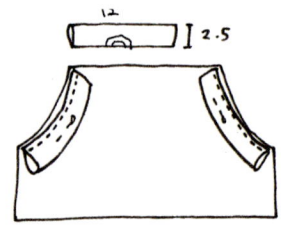

1. 주머니 작업
주머니의 손 넣는 입구 부분을 주머니 고무단의 폭을 2.5cm로 반 접어 2겹으로 만들고 겉과 주머니 겉을 마주하게 하여 고무단의 신축 있는 탱탱함을 이용해 합봉하고 전체 오버로크하세요.

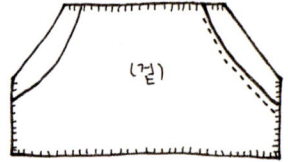

2. 주머니 상침
몸판 쪽으로 시접을 넘겨 겉주머니 위에서 2mm 간격으로 상침 눌러박기를 하세요.

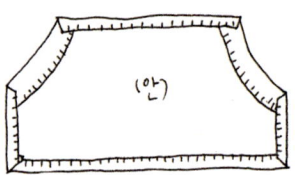

3. 주머니 시접 꺾어두기
고무단 부분 외에는 시접 1cm를 다림질로 눌러두세요.

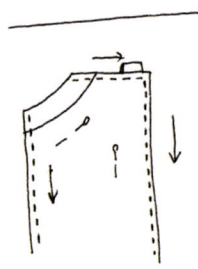

4. 주머니 합봉
앞판에 표기된 주머니 위치에 그대로 시침핀을 고정한 후, 3mm 간격 상침으로 박음 고정하세요. 라벨은 오른쪽 포인트로 끼워서 박아주세요.

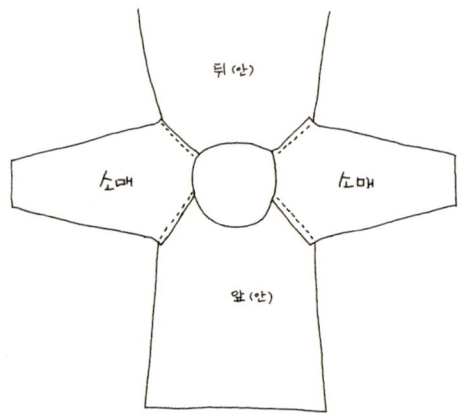

5. 소매 앞판 합봉
주머니가 완성된 앞판을 바로 놓은 상태에서 소매 앞판 쪽을 구분하여 나글란 소매 부분을 합봉하고 오버로크하세요.

6. 소매 뒷판 합봉
뒷판을 바로 놓은 상태에서 소매 나글란 나머지 한쪽인 뒷판을 마주하여 합봉하고 오버로크하세요.

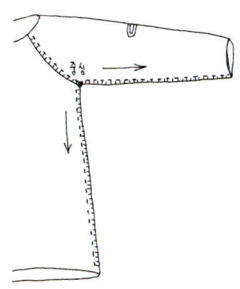

7. 옆선 합봉
겨드랑이 중심을 마주하여 중심에서 소매와 옆선 쪽을 합봉하고 오버로크하세요.

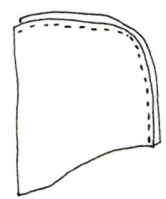

8. 후드 합봉
2장의 모자를 겉과 겉을 마주하여 박음질하고 오버로크하세요.

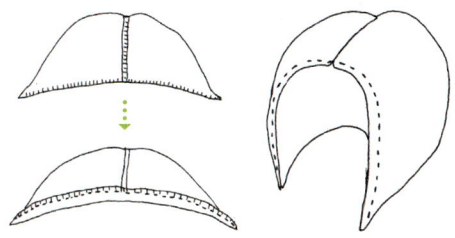

9. 후드 앞라인 합봉
모자를 펼쳐 앞라인을 오버로크하고 1cm 한 번 꺾어 박음질하세요.

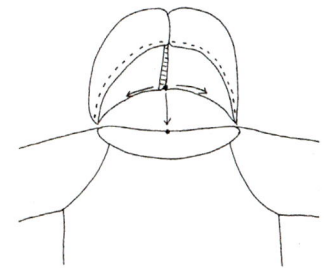

10. 후드와 몸판 연결
모자의 뒷목 중심과 몸판 뒤 중심을 마주하여 후드를 합봉하세요.

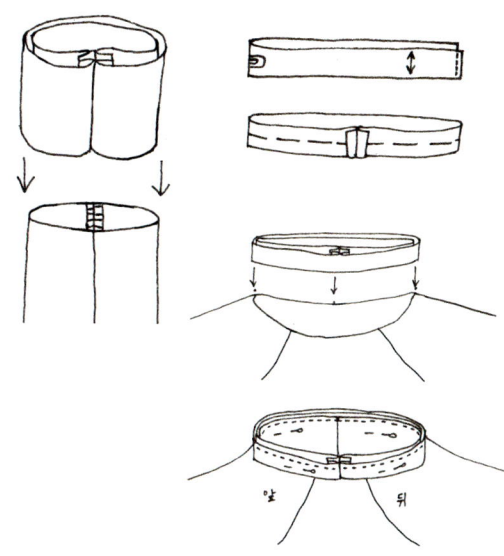

11. 목 테두리 고무단 처리
목 테두리 고무단을 반 접어 세로 부분을 합봉하고 초크로 4등분 표시하세요.
몸판 목둘레 부분도 4등분 초크 표시하세요.
고무단과 몸판이 일치하도록 고무단만 당겨 합봉하고 오버로크하세요. 겉에서 앞판이 보여지는 부분만 상침 5mm 간격으로 눌러 박으세요.

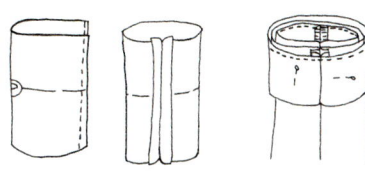

12. 손목 고무단 처리
손목 고무단도 반 접은 세로폭을 합봉하고 폭을 반 접어 6cm로 만드세요. 몸판 팔 부분에 손목 고무단을 겉에서 끼워 한 바퀴 시보리만 당겨 일치하게 합봉하고 오버로크하세요.

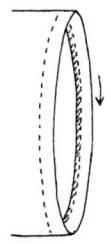

13. 마무리
밑단은 오버로크하고 2cm 한 번 꺾어서 박음질하세요.

셔츠형 원피스

누빔 이중지 소재를 선택하여 톡톡하고 따뜻해요. 칼라 선택에 따라 봄, 가을, 겨울까지 즐길 수 있고 여름에는 소매만 짧게 하고 면이나 마로 소재를 바꾸면 됩니다. 기본형은 롱상의로 활용하고, 원피스로 수정할 때는 15~20㎝ 연장하여 재단하면 좋아요.

재단하기

준비: 앞 상의 2장, 앞 스커트 1장, 앞 트임 덧단 2장, 뒤 1장, 소매 2장, 손목 고무단 10×14㎝ 2장, 칼라 2장, 칼라밴드 2장

Tip. 배색으로 무지배색을 1장씩 활용하면 칼라 부분은 포인트로 더 살릴 수 있어요. 체크라면 무지, 무늬와 무지의 조화를 활용해 보세요.

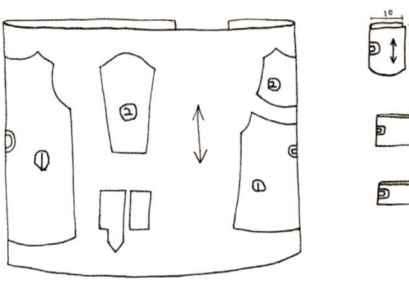

1. 앞 트임 준비
앞판 상의 부분 겉과 앞 트임 덧단은 미리 접착심지나 접착테이프를 이용하여 다림열로 붙여주세요. 이 부분은 단추를 달고 단춧구멍을 만들 부분입니다. 양쪽 앞 트임 덧단을 올려놓은 상태에서 박음질하고, 꺾어서 다림질로 정리한 후에 겉에서 2mm 간격 상침으로 고정하세요.

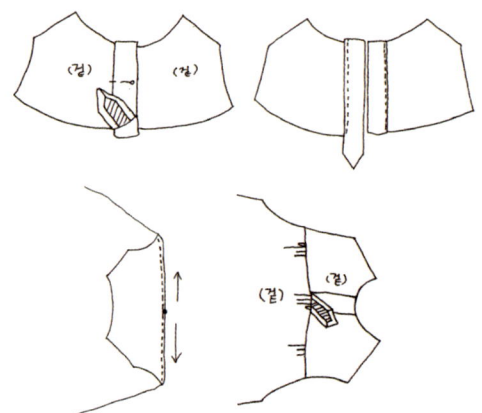

바느질 시작

2. 앞 트임 작업
앞 트임을 겹친 모양으로 시침핀으로 고정한 후, 양옆의 중심을 잡아 초크로 표시하고 앞 스커트 역시 반중앙인 중심과 양옆 중심을 표시하세요. 상판 앞 상의를 바로 놓은 상태에서 앞 스커트 중심과 시침핀으로 고정한 후, 양옆 중심 자리에 5mm 간격 주름을 세 번씩 잡아주세요. 그리고 나서 앞 트임 겉 덧단을 내려놓고 고정할 수 있도록 상침 박음질하고 오버로크하세요.

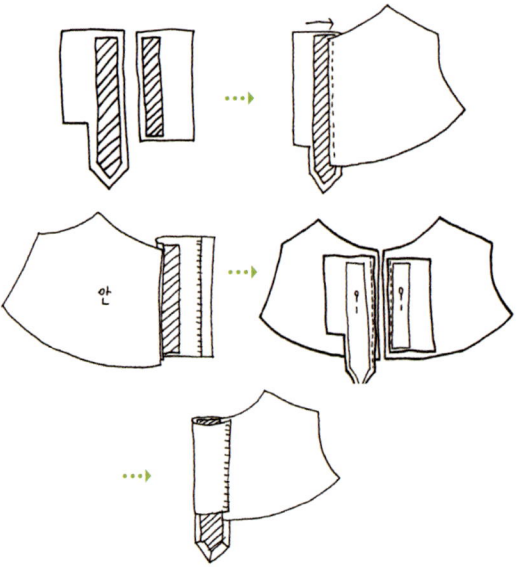

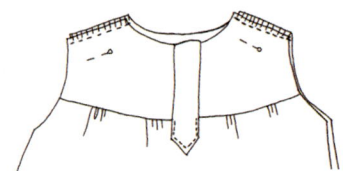

3. 어깨 합봉
앞과 뒤의 겉부분을 마주한 어깨를 합봉하고 오버로크하세요.

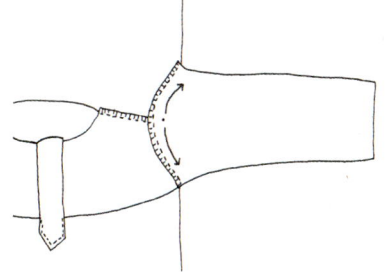

4. 진동 합봉
소매 중심을 잡고 어깨 중심을 마주하여 진동을 합봉하고 오버로크하세요.

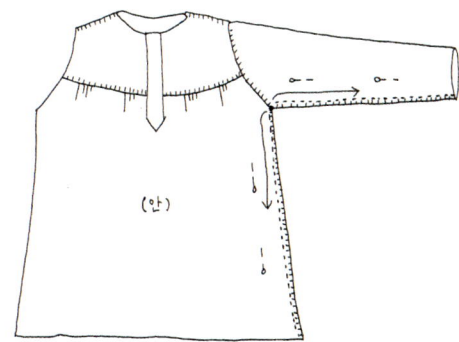

5. 옆선 합봉
겨드랑이 중심을 잡아 소매와 옆선을 합봉하고 오버로크하세요.

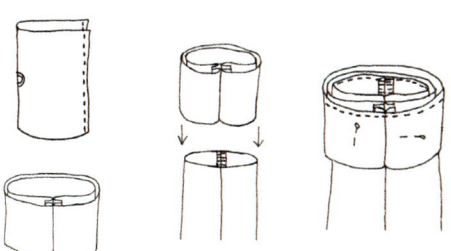

6. 손목 시보리
손목 고무단을 세로 합봉하고 반으로 접으세요. 소매에 끼워 고무단만 당겨서 합봉하고 오버로크하세요.

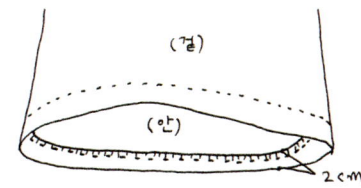

7. 밑단 처리
밑단은 오버로크하고 2cm 한 번 꺾어 박음질하세요.

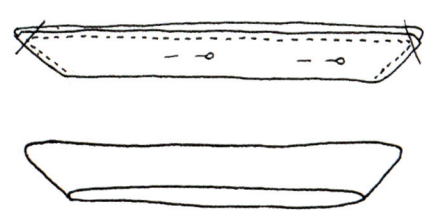

8. 칼라 작업
칼라 2장을 마주하여 박음질하고 모서리는 자른 후에 뒤집으세요.

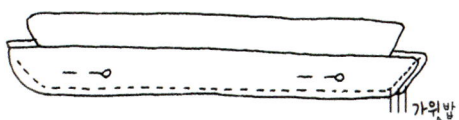

9. 칼라 밴드 작업
칼라밴드 2장을 칼라 사이에 끼워 4장을 박고, 가위집 낸 후에 뒤집으세요.

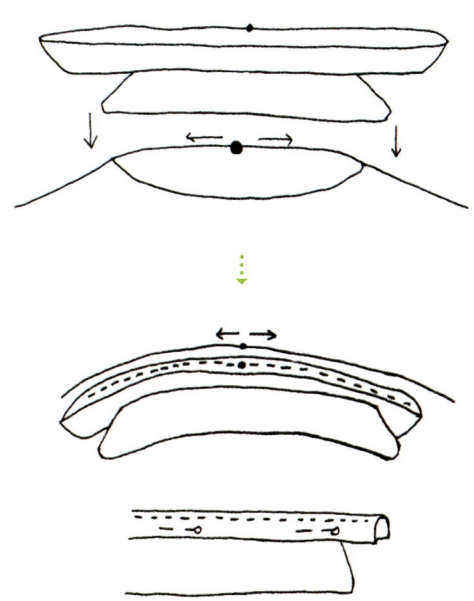

10. 칼라 달기
몸판의 뒷목 중심에 초크로 표시하고 만들어둔 밴드 중심과 마주하여 안쪽에서 먼저 박음질해서 칼라와 일치하게 한 후, 겉으로 넘겨 다림질로 1cm 시접을 꺾고 한 번 더 상침하여 마무리하세요.

11. 단추 달기
단추는 상단에 1개, 그 아래에 2개를 만드세요.

롱 레이어드

재단하기

준비: 뒤판 접어 아껴서 1장, 앞판은 지그재그처럼 엇갈리게 1장, 주머니 2장(하고 싶은 대로 앞가슴 위나 옆 아래 주머니로 사용), 식서 반대인 푸서방향(↕)으로 목 고무단 38×3cm 1장, 진동 고무단 32×3cm 2장
Tip. 다이마루의 식서방향(↔)과 반대이므로 긴 폭으로 재단을 배치해야 합니다. 아껴서 잘 재단하세요. 패턴 그대로 시접 없이 뒤판부터 재단하세요.

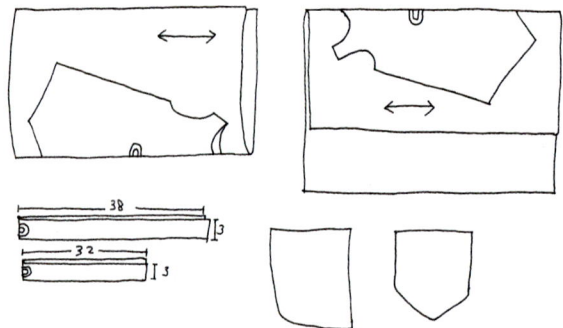

바느질 시작 (니트 바늘, 위실-면사, 밑실-스판사)

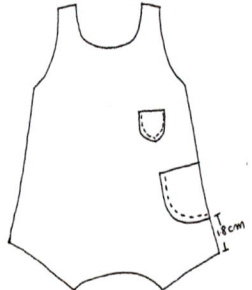
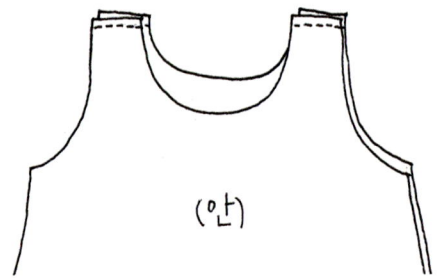

1. 앞주머니 작업
앞판에 달 주머니 위치를 잡아 자유롭게 시침핀을 고정하세요. 예를 들어 앞가슴 미니주머니는 오른쪽 가슴 위치에 시침핀을 고정하거나 옆주머니는 치마 끝자락 옆선에서 18cm 정도 올라간 자리에 위치 잡아 옆선과 딱 맞춰 시침핀을 고정하시는 거예요. 이번 미니쭈리 원단은 오버로크를 전혀 사용하지 않고 올풀림이 자연스러운 빈티지가 콘셉트입니다. 끝단이 드러나고 자연스럽게 말리는 것이 매력적인 아이템이죠. 그러므로 주머니도 그대로 올려 위에서 꺾지 않고 얹어서 박아주세요(바느질 시접은 5mm 정도).

2. 어깨 합봉
앞판과 뒤판 겉과 겉을 마주하여 어깨를 일자박기하세요. 이때 바느질 시접은 7~8mm이며, 시접은 가름솔하세요.

3. 옆선 합봉
앞판과 뒤판 겉과 겉을 마주하여 옆선을 박음질하세요. 역시 바느질 시접은 7~8mm이며, 시접은 가름솔하세요.

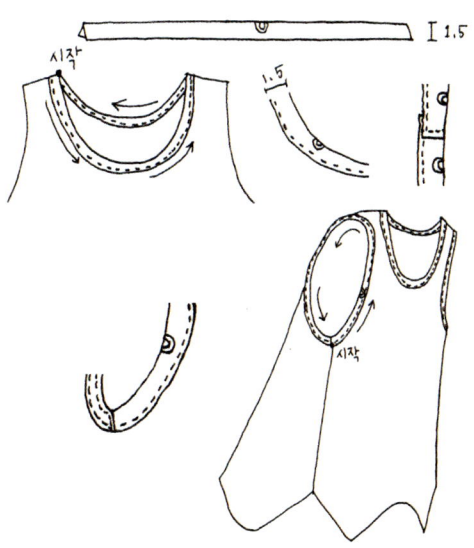

4. 목둘레와 진동둘레 고무단 처리
이 부분은 가장 중요한 부분이에요. 처음 하는 경우는 시보리 3cm 폭을 반 접어 1.5cm가 되게 겉에서 다림질로 눌러두고 작업하세요. 목둘레는 한쪽 어깨 이음선 목 부분에서 시작하고, 시작점에서 목둘레 라인에 고무단을 반 접은 그대로 위에서 잘 둘러 박음질을 시작하는데 고무단은 살짝 당기는 느낌으로 해주세요. 고무단의 바느질은 접었을 때 폭은 1.5cm 보이고 바느질 간격은 시보리 잘린 쪽에서 5mm 정도 띈 간격으로 둘러 박으세요. 이음 부분은 포개어지게 그냥 잘라서 얹어 박아주세요. 진동도 겨드랑이선부터 한 바퀴 둘러서 박아주세요.

5. 자투리 활용
그대로 털어서 입으면 됩니다.

 알아두면 편해요!
남는 폭 자투리를 꼭 활용하세요. 팔 토시나 레그 토시, 머리밴드 캡, 곱창밴드 등을 만들면 좋아요.

튜닉 레이어드

재단하기

준비: 뒤 1장, 앞 2장, 뒤 스커트 1장, 앞 스커트 2장, 바이어스 테두리, 벨벳 리본, 손스냅 2개
(실물패턴 그대로 시접 없이 재단 옮기기. 실은 위실 면사, 밑실 스판사, 바늘은 니트전용 바늘)

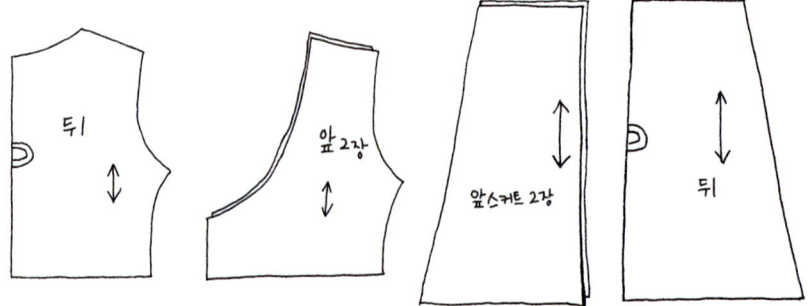

바느질 시작

1. 어깨 합봉
앞뒤가 구분이 되므로 정확히 분류하고 겉과 겉을 마주하여 어깨를 합봉하고 오버로크하세요. 바느질은 노루발 간격으로 하세요.

2. 옆선 합봉
양 옆선을 합봉하고 오버로크하세요.

3. 앞 목부분 바인딩 작업
앞부터 목라인 바이어스는 안단 바이어스 방법으로 앞판 시작점에 몸판 겉과 바이어스 겉을 마주하여 1cm 간격으로 일자박기하세요. 이때 시작점과 끝점에 1cm 여유 바이어스를 두고 합니다. 안으로 박음선까지 한 번 접고, 한 번 더 접어 상침 2mm 정도 간결하게 눌러 박으세요. 이렇게 하면 겉에서는 박음선만 약 15mm 간격으로 보여집니다.

4. 소매진동 바인딩 작업
진동 양옆 소매라인도 겨드랑이 선부터 시작해서 1cm 한 번 안으로 접은 후에 테두리를 둘러 박은 후, 한 바퀴 둘러 위에서 2겹으로 얹어서 박아주세요. 두 번 꺾어서 박음질하면 마무리됩니다.

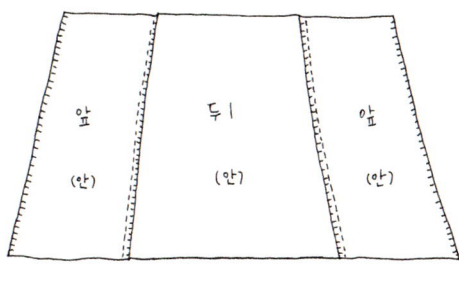
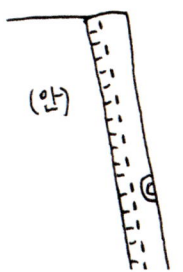

5. 스커트 만들기
스커트 부분 뒤판을 중심에 두고 양옆 앞판을 잇고 오버로크하세요. 앞판 양 옆선도 오버로크한 후 앞판 앞 라인 세로 3㎝를 한 번 꺾어서 박아주세요.

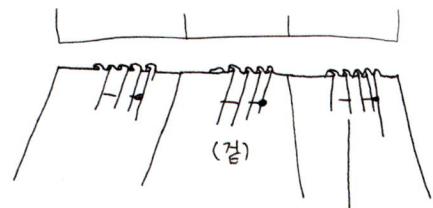

6. 스커트부분 주름 표기
몸판 겉부분에 뒤판 중심과 앞판 중심을 초크로 표시하세요.

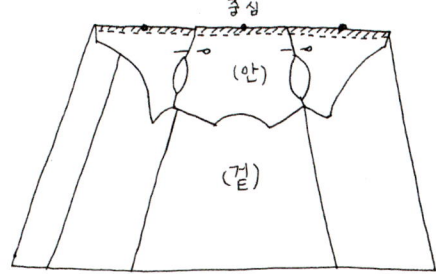

7. 몸판과 스커트 연결하기
스커트 부분 겉에서 상판 옆라인과 스커트를 이은 옆라인을 맞춰 시침핀으로 고정한 후, 몸판 중심에 스커트 부분의 주름을 5개 정도씩 잡아 합봉하세요. 이때 길이를 맞춰주면 주름을 어느 정도 잡아 박음하는지 알 수 있어요.

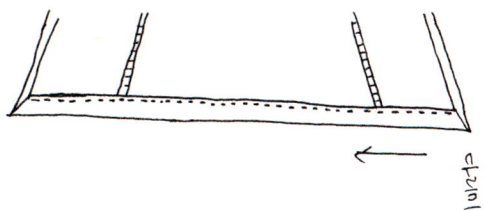

8. 밑단 작업
스커트 부분 밑단은 2㎝ 한 번 꺾어서 박음질하세요. 박음질한 자리는 약한 스팀열로 다림질하여 마무리하세요.

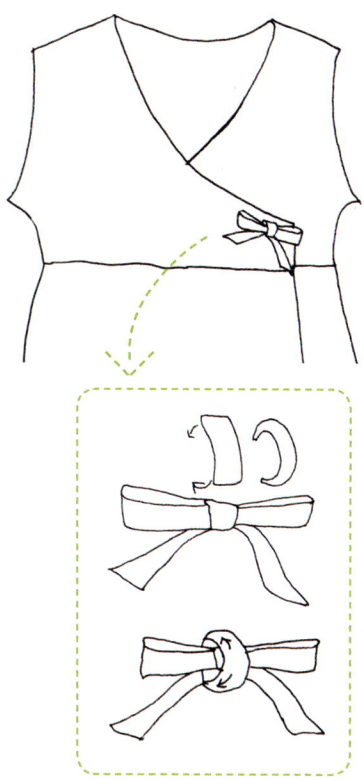

9. 벨벳 리본 만들기
벨벳 리본을 크로스로 만들어 손바늘로 당겨 리본을 엮고 가운데 4㎝ 정도를 감싸 꿰매세요.

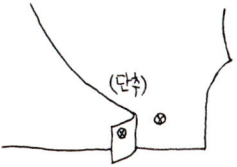

10. 리본 고정하기
여성옷 여밈은 오른쪽이 위에 오게 덮기 때문에 앞 중심에 리본을 꿰매어 고정하고 손바느질 스냅으로 똑딱이 단추를 고정해서 달아주세요.

105

티어드 스커트

성인 여성을 위한 3단 프릴 스커트로, 디자인이 경쾌하고 활동적이며 여성스러운 스타일이에요. 주름 노루발 사용법을 정확히 익혀서 활용하면 아주 편리하게 만들 수 있어요.

재단하기

준비: 완성 길이 40cm의 경우, 40÷3단 = 13

1단: 힙둘레를 재서 힙둘레÷2+여유시접 8cm = 가로둘레
　　 힙이 96인 경우 96÷2+8=56
　　 그러므로 56×17cm 1장
2단: 두 폭(200cm)×14
　　 세로 13+1(바느질 시접) = 14
3단: 세 폭(300cm)×17(17=13+밑단 시접 3+바느질 시접 1)

Tip. 길이 책정에 따라 미니 또는 롱스타일로 즐길 수 있어요. 직각 재단이므로 사이즈를 재서 자르면 됩니다.

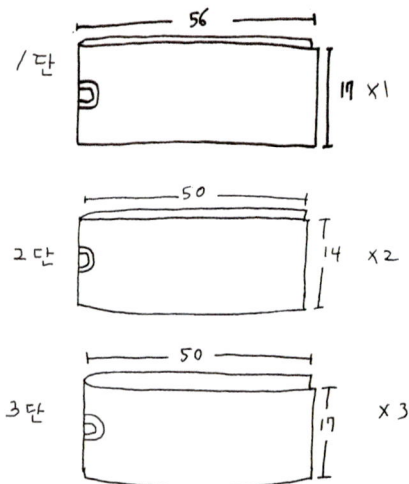

바느질 시작

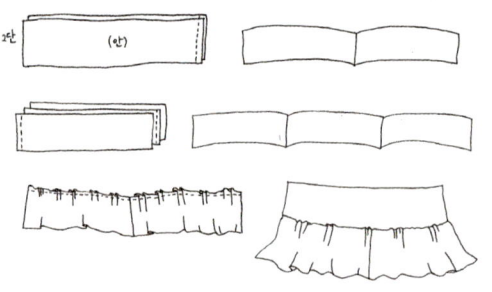

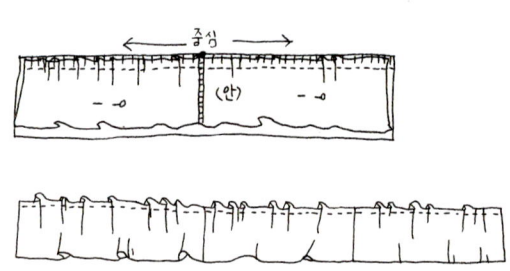

1. 2단 폭잇기
2단의 두 폭을 겉과 겉을 마주하여 합봉하고, 3단의 세 폭을 겉과 겉을 마주하여 합봉하세요.

2. 노루발 교체하기
주름을 잡기 위해 주름 노루발로 교체하세요. 이때 주의할 점은 재봉틀의 상단 왼쪽의 다이얼 숫자를 7~8로 높여 장력을 높이는 것입니다. 바느질 땀수 역시 4번으로 높이세요.

3. 주름 만들기
2단, 3단 각각 겉감 위에서 자연스럽게 1cm 안에 3번 정도 간격으로 주름을 박음질하세요.

4. 1단과 2단 합봉
1단을 겉이 보이게 펼쳐 중심 표시와 2단 주름을 잡아 둔 겉의 이음선이 마주하게 시침핀을 꽂아 합봉하고 오버로크하세요.

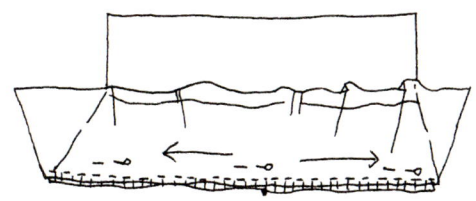

5. 3단 합봉
1단과 2단을 합봉하고 2단 겉과 3단 겉 주름잡은 것을 마주하여 합봉하고 오버로크하세요.

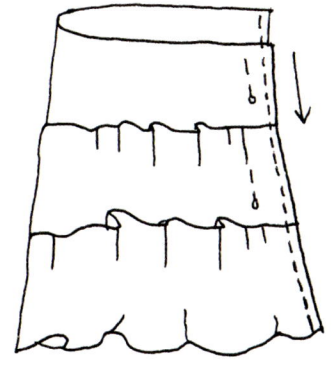

6. 옆선 합봉
3단 모두 이은 것을 세로폭을 마주하여 이음선이 딱 맞게 합봉하고 오버로크하세요. 이때 주름분 시접은 자연스럽게 위를 향하게 됩니다.

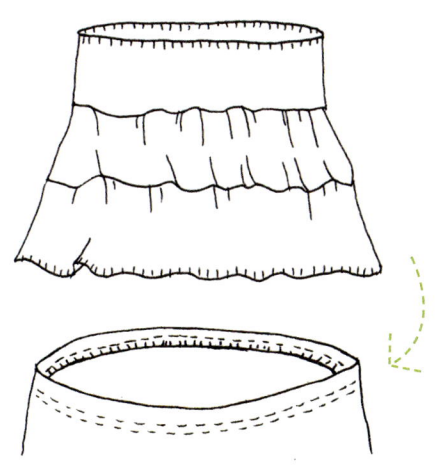

7. 단처리
허리둘레와 밑단둘레를 모두 오버로크하세요.

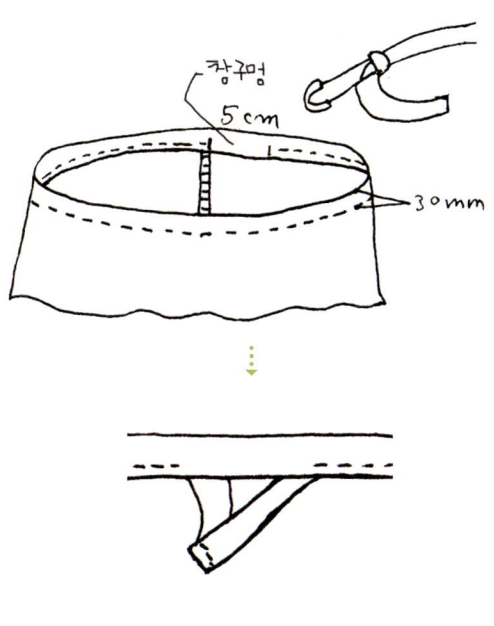

8. 허리 고무줄 작업
허리부분은 허리 고무줄이 폭 25mm이므로 고무줄을 넣을 시접 30mm를 한 번 꺾어 박는데 고무줄 넣을 창구멍을 5cm 남기고 둘러 박으세요. 창구멍에 고무줄을 옷핀으로 꽂아 편히 끼우고 고무줄을 이어 합봉하세요.

Tip. 빈 창구멍을 박음으로 메우세요. 그냥 두면 자칫 고무줄이 꼬여 불편할 수 있어요. 겉에서 볼 때 박음선 위에 왼쪽 노루발을 가이드에 맞추고 5mm 정도의 간격으로 일정하게 허리부분을 당겨 상침하세요.

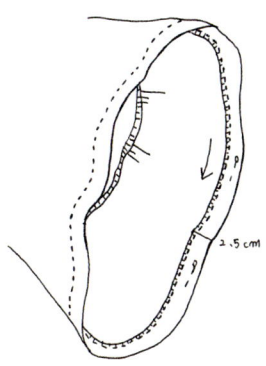

9. 마무리
끝단인 밑단의 경우는 25mm 한 번 꺾어 박음질하고, 다리미로 전체적으로 정돈하면서 마무리하세요.

큐롯 미니 팬츠

여름에는 얇고 시원한 소재로, 가을, 겨울에는 보온성 있는 따스한 소재로 레깅스와 반타이즈에 레이어드로 코디하면 좋아요.

재단하기

준비: 앞 2장, 뒤 2장, 속주머니 2장, 주머니 배색안단 2장, 허리 벨트부분 고무단 1장

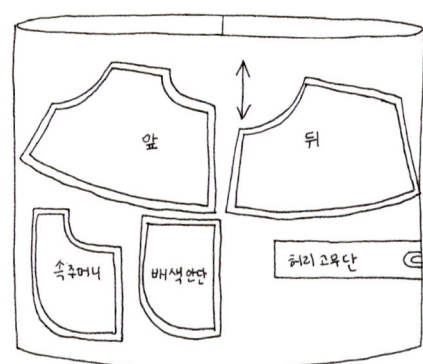

바느질 시작

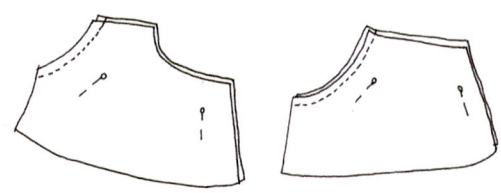

1. 밑위 봉제
앞, 뒤판 각각 시침핀 고정하여 밑위 박음하고 오버로크하세요.

3. 주머니 봉제
라인 중 라운드가 돌아가는 부분은 가윗밥을 잘라야 안으로 꺾었을 때 라인이 살아납니다. 안으로 넘긴 후에는 주머니 배색안단 라인드 라인과 겉을 마주하여 박음질하고 오버로크하세요.

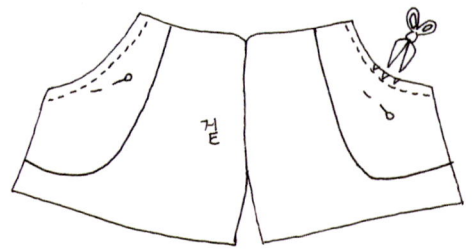

2. 앞주머니 봉제
앞판을 펼쳐서 양쪽 속주머니 겉과 마주하여 주머니 입구 라인을 박아 주세요.

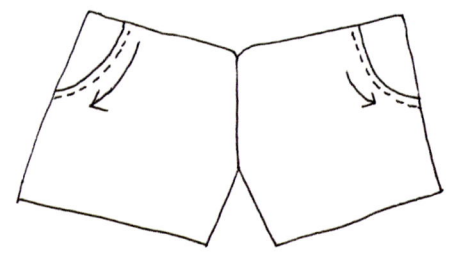

4. 앞주머니 상침하기
주머니를 안으로 제자리 잡아준 후, 손 넣는 주머니 라인을 상침 5mm 정도 눌러박기로 정리해 주세요.

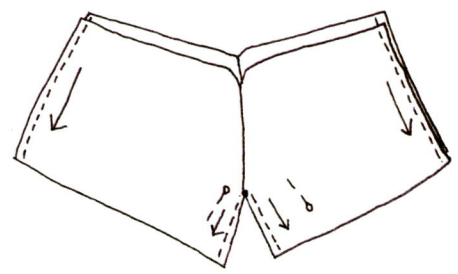

5. 가랑이 하단 봉제
앞, 뒤판 가랑이를 시침핀 고정하여 가랑이 중심에서 밑아래를 향해 박음질하고 오버로크하세요.

6. 양 옆 봉제
앞, 뒤판 마주한 양옆 옆선을 박음질하고 오버로크하세요.

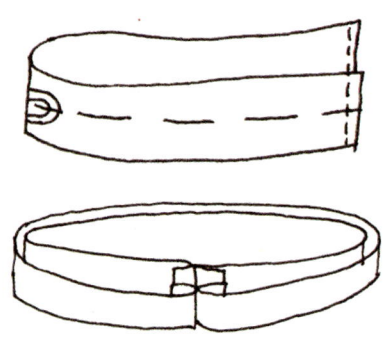

7. 허리 고무단 만들기
허리 고무단을 반 접어 안쪽에서 세로박음해 주세요. 8cm 폭인 세로를 안끼리 마주하여 4cm 반폭으로 접어주세요. 4등분하여 초크 표시하세요.

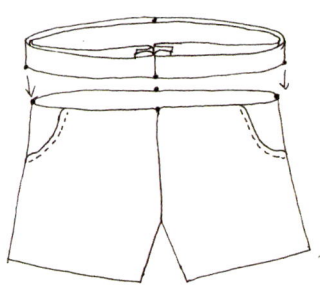

8. 몸판 허리둘레를 양 옆선, 앞 중심, 뒤 중심 라인을 4등분 삼아 고무단 허리 부분을 마주하여 끼워 배치하고 시침핀을 고정하여 고무단만 일정 4등분에 맞춰 당겨 박음질하세요. 여기서 주의할 점은 고무줄을 넣어 힘줄 허리밴드를 완성해야 하므로 5cm 창구멍을 남기고 박으셔야 합니다.

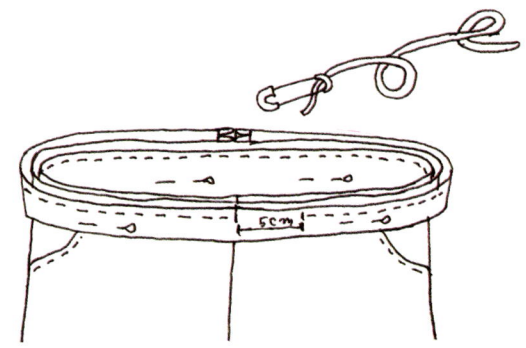

9. 허리 벨트 부분 고무줄 넣기
허리 고무줄은 1인치 고무줄을 본인 허리 둘레에 2인치 적게 설정하여 옷핀으로 꽂아 꼬이지 않게 끼우세요.

10. 고무줄을 합봉하여 박음 후, 창구멍을 매꾸기 박음질해 주세요. 고무줄은 제자리에 몰리지 않게 정리하고, 겉에서 고무줄을 당기며 5mm 간격으로 상침을 한 번 더 합니다. 그래야 세탁 후에도 고무줄 꼬임을 방지할 수 있습니다.

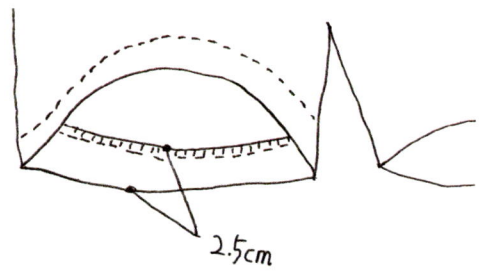

11. 밑단 처리
단은 2.5cm 한 번 꺾음으로 처리해 주세요.

12. 완성

리폼: 청바지 플러스

싫증나거나 유행이 지난 낡은 청바지를 프릴이 돋보이는 미니스커트로 만드는 재미있는 작업이에요.

바느질 시작

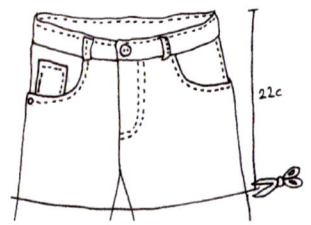

1. 청바지 준비작업
청바지를 위에서부터 22㎝ 정도 자르는데 뒷주머니를 살려야 하므로 뒷주머니가 걸리는 부분은 여유 있게 실뜯개로 박음질을 떼어주세요.

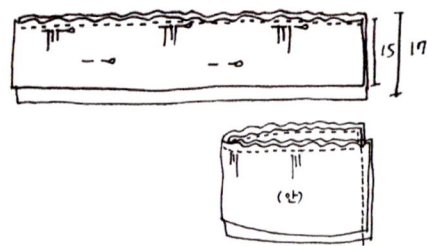

2. 리폼으로 프릴 붙일작업
프릴 부분은 T소재 중 빈티지 느낌이 나는 구멍 소재를, 속부분은 번아웃으로 비치는 부분을 보완하기 위해 망사 소재를 선택했어요. 프릴의 1폭×세로길이는 무릎 위로 설정하여 약 15㎝, 망사는 살짝 내려 보이도록 17㎝로 재단하세요.

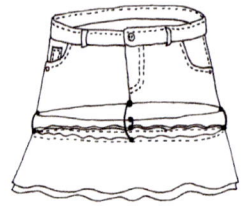

3. 폭 잇기
겉감의 겉과 겉, 안감 망사의 겉과 겉을 마주하여 세로 폭을 박음질하세요.

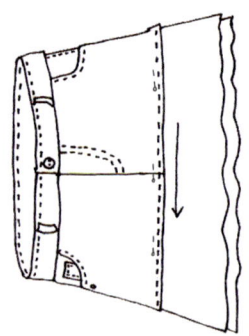

4. 등분 표기
폭 이음 부분을 뒤 중심으로 잡고, 겉감에 초크로 4등분 표시를 하세요.

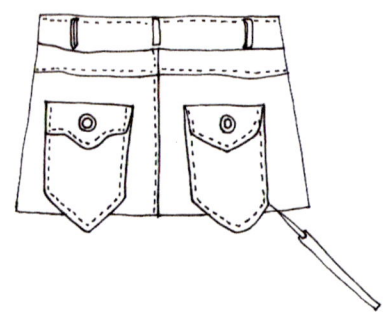

5. 스티치 하기
청바지 윗부분에 주름 부분을 바로 놓고 상침하세요. 먼저 청바지 컬러와 같은 색실로 박음질한 후, 청바지 전용실로 20수 박으세요.
청바지의 스티치 되어 있는 색상과 가장 흡사한 것으로 교체 후에 한 번 더 고르게 상침 스티치 효과를 내주세요. 뒷주머니를 뜯어놓았던 부분은 위에 얹어 한 번 더 튼튼하게 상침하세요.

6. 빈티지 효과내기
얹어서 박은 청바지 끝 솔기 부분을 굵은 페퍼로 긁으면 빈티지 효과를 더욱 살릴 수 있어요. 가위로 구멍 내어 문지르는 것도 자연스러움을 살릴 수 있는 방법이에요.

완성

후드 집업 점퍼

재단하기

준비: 누빔 이중지 니트 원단 1y 60cm 소요.
뒤 1장, 앞 2장, 소매 2장, 새백 앞안단 2장, 후드 겉감 2장, 배색 안감 2장, 주머니 2장, 주머니 속지 2장, 손목 고무단 10×12cm 2장, 허리 고무단 36×18cm 1장, 지퍼 점퍼용 70cm 1장, 10×20cm 겉감 1장, 앞지퍼 연결 앞단 2장.

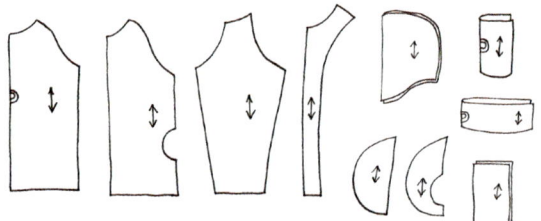

바느질 시작

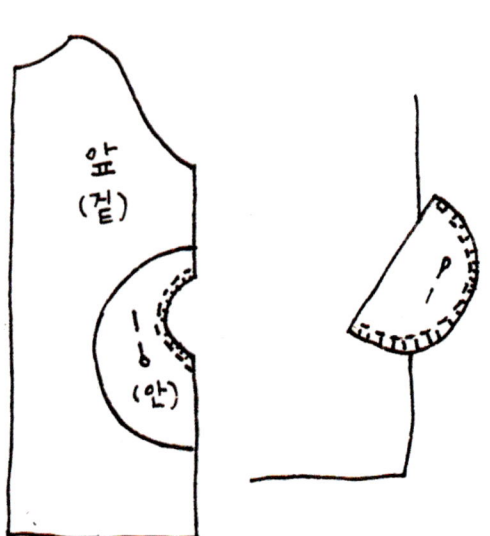

1. 주머니 만들기
앞판 2장 겉감과 주머니 속지 라운드 입구 부분의 겉과 겉을 마주하여 박음질하세요(오버로크하고 겉이 보이게 펼친 후, 주머니 속지 겉과 마주하여 박음질하고 오버로크).

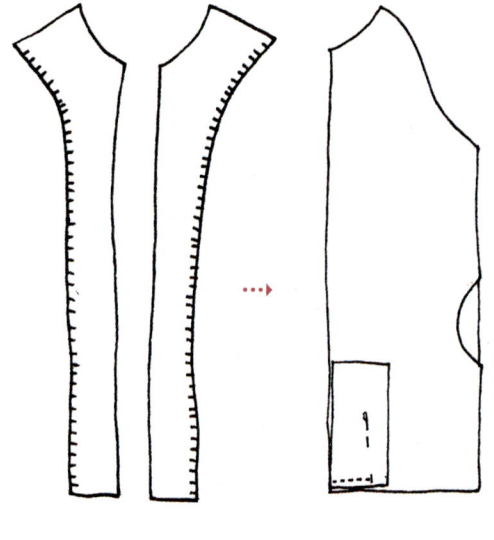

2. 앞 안단 만들기
앞안단 배색감 테두리는 미리 오버로크 작업하세요.

3. 지퍼 연결된 앞 고무단 연결하기
앞판 2장 하단과 앞지퍼 연결 앞단 2장 가로폭을 연결해 주세요. 이때 2cm 여유를 두고 박음질하세요.

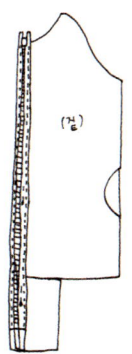

4. 앞 지퍼 작업하기
지퍼를 달 앞부분의 겉과 지퍼 겉을 마주하여 앞안단 20cm에 1/2인 반부분까지 지퍼를 합봉합니다. 다른 한쪽 지퍼도 지퍼 위에서 합봉하세요.

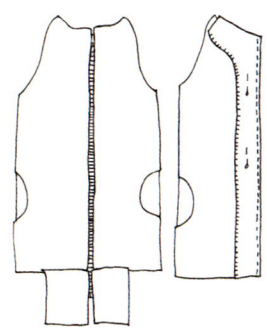

5. 배색 앞 안단 합봉
지퍼 완성 후, 배색 앞 안단 겉을 마주하여 합봉하세요.

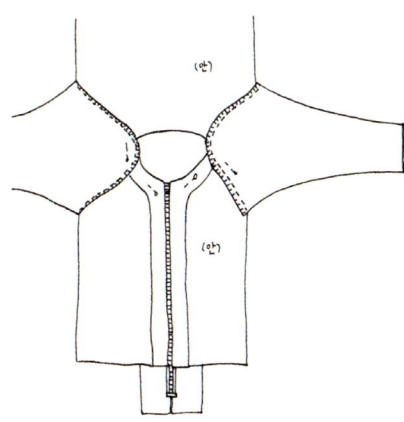

6. 소매 작업
앞판 겉과 소매 앞쪽 진동을 합봉하세요.

7. 뒤판 겉을 바닥에 놓고 소매 뒤쪽 진동을 합봉하세요.

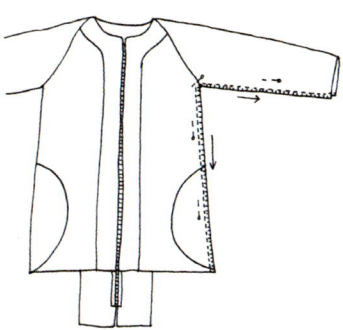

8. 옆선 작업
겨드랑이 중심을 잡아 소매 쪽과 옆선 쪽을 합봉하세요 (오버로크)

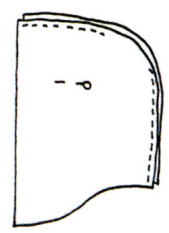

9. 후드 작업
모자 겉감 후드 부분 2장을 마주하여 합봉하세요. 안감은 창구멍을 20cm 정도 크게 남겨두고 합봉하세요.

10. 후드 앞부분 작업
겉과 안감 겉을 마주하여 중심에서 시작하세요. (후드라인 합봉합니다.)

11. 겉감과 후드작업
몸판 뒷목 중심을 잡아 모자 중심과 일치하게 모자 안에 몸판을 모두 넣은 상태로 목 라인은 후드 사이에 끼워 박음질 하세요.

12. 허리 고무단 작업
허리 고무단을 앞지퍼 연결한 겉감과 마주하여 합봉하고, 고무단을 반 접어 몸판 겉 뒤판 중심과 고무단 반 중심을 마주하여 합봉하고 오버로크하세요.

13. 손목 시보리 작업
손목 시보리 세로 폭 합봉 후, 반 접어 겉감 팔목 부분을 2등분으로 돌려박아 합봉하고 오버로크하세요.

14. 마무리
후드 안감 쪽 창구멍을 줄이기로 더 박고, 공그르기로 마무리하세요.

후드 가오리 카디건

원단은 바느질이 아주 잘 되므로 당기지 말고 박음질하세요. 겉과 안이 정확히 구분됩니다. 재단은 몸판 식서방향 잘 지키고 고무단도 푸서방향만 잘 지켜 자르세요. 실선 그대로 시접 없이 옮기세요.

재단하기

준비: 앞 2장, 뒤 1장, 모자 2장, 소매 고무단 20×8cm 2장, 허리 고무단 55×15cm 1장 (앞 여밈 고무단 큰 사이즈는 60×15cm)

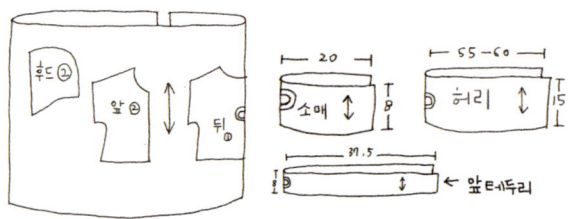

바느질 시작

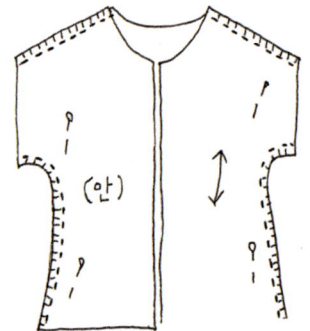

1. 어깨 합봉과 옆선 합봉
앞과 뒤의 겉과 겉을 마주하여 어깨와 옆선 모두 시접은 노루발 간격으로 박음질하고 오버록하세요.

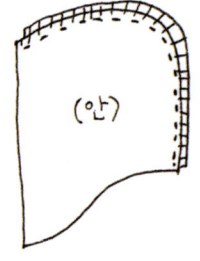

2. 후드 작업
모자 2장의 머리 부분을 라운드 박음질하고 오버록하세요.

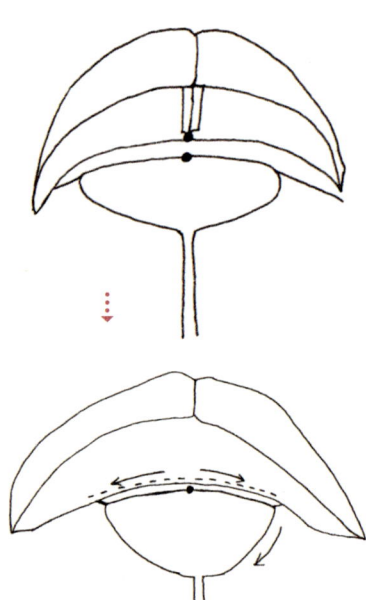

3. 후드 몸판과 합봉
몸판의 뒷목 부분을 1/2로 나눠 초크 표시한 겉과 모자 이음의 중심 겉을 마주하여 앞라인까지 합봉하세요. 중심에서 양옆으로 이어가는데 앞판까지 딱 맞게 일치해야 해요. 오버록 작업도 해주셔야 해요.

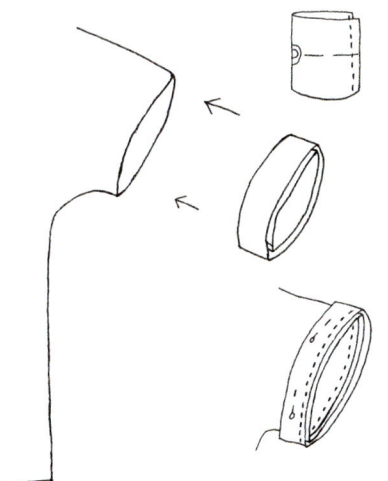

4. 소매 고무단
소매 고무단을 반 접은 상태 그대로 세로폭을 박고, 8㎝를 반 폭 접어 4㎝로 만드세요. 몸판 소매둘레에 고무단을 끼워 2등분 일치하게 핀을 고정한 후 둘러 박고 오버로크하세요. 이때 고무단만 아주 살짝 당기면서 작업하세요.

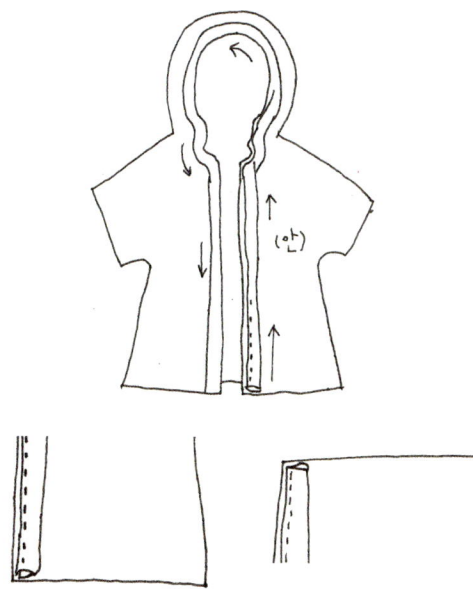

5. 앞 여밈 테두리 시보리 연결
전체 테두리 고무단은 8㎝를 반 접어 4㎝ 2겹 그대로 몸판 왼쪽 끝부분부터 모자가 연결되는 몸판 오른쪽까지 한 바퀴 둘러 합봉하세요. 거의 일치하므로 아주 조금만 당기고 재면서 박음질하고 오버로크하세요.

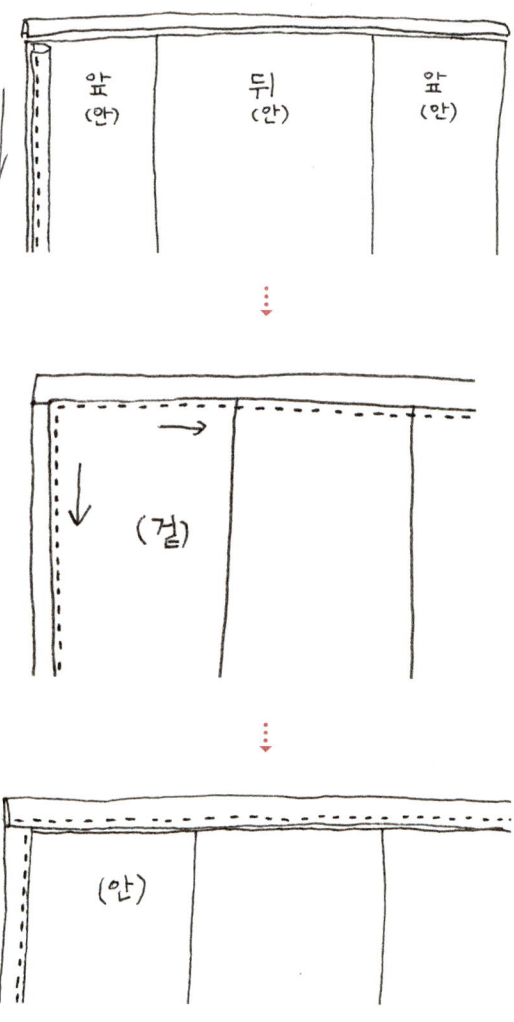

6. 허리 시보리 연결
허리 시보리는 겉과 겉을 마주한 폭으로 세로로 박음질하고 뒤집으세요. 몸판 등 중심과 겉감 뒤 중심을 초크로 표시하세요. 허리 고무단도 끝과 끝을 핀으로 고정하고 고무단을 반 접어 중심을 표시하고 겉감과 일치하게 고정시켜 오버로크하세요.

7. 앞 테두리 시보리는 몸판쪽으로 시접넘기고 겉상침 2㎜ 눌러박기 하세요.

8. 앞단추는 하단 2개, 몸판 2개를 다세요.

테일러드 자켓

누빔 이중지 소재로 편안함과 캐주얼을 더하는 자켓을 만들어본다. 청바지, 스커트, 레깅스 차림에도 어울리는 활동적인 자켓이다.

재단하기

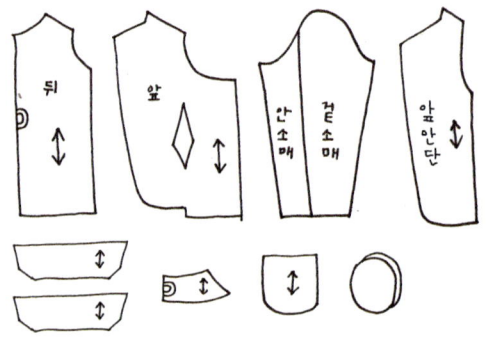

준비: 뒤 1장, 앞 2장, 겉 소매 2장, 안 소매 2장, 앞 안단 2장+접착심지 2장 (다림열로 부착한다) 겉 칼라 1장, 안 칼라 2장, 뒷 안단 1장+접착심지, 앞주머니 1장, 팔꿈치 가죽 2장

바느질 시작

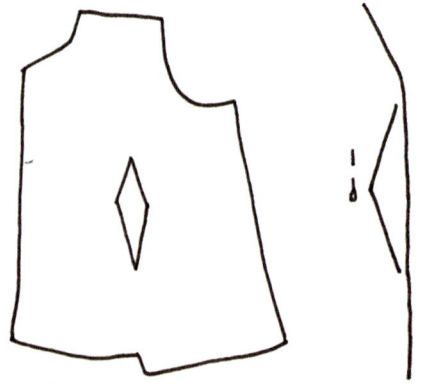

1. 앞판 다트박기
앞판 다트를 합봉하세요.

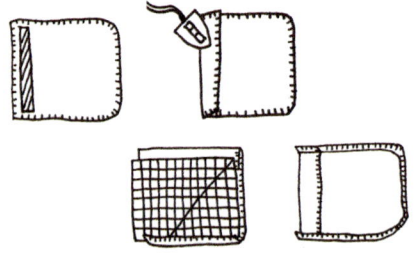

2. 주머니 준비작업
주머니는 사방 오버로크 친 후 윗부분에 접착 테입을 미리 다림열로 붙여둔 다음, 윗시접 2cm 한번 꺾어두고 나머지는 5mm 한번 아이론자를 이용해 꺾어두세요.

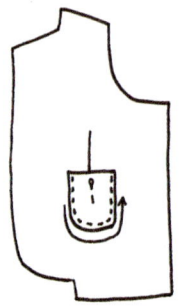

3. 주머니 박음
앞판 양쪽 주머니 위치에 주머니를 상침 2mm 눌러박기로 봉재해두세요.

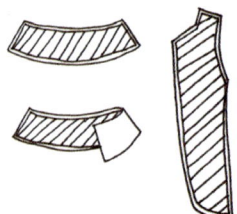

4. 앞 안단 준비작업
앞 안단 2장 뒤에 접착심지를 미리 다림열로 부착해두세요. 뒷 안단 역시 같은 방법으로 부착해두세요.

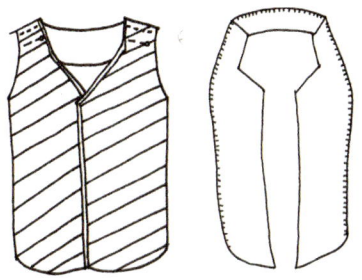

5. 뒷 안단작업
뒷 안단 어깨부분과 앞 안단 어깨부분 합봉 후 가름솔 하고 테두리 라인 오버로크 하세요.

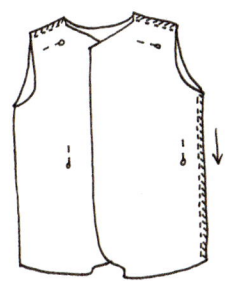

6. 어깨 합봉
앞판 겉과 뒷판 겉의 어깨를 마주하여 합봉하세요.

7. 옆선 합봉
옆선도 합봉 후 오버로크하세요.

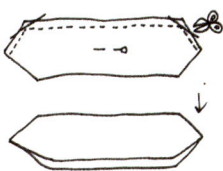

8. 칼라 준비작업
칼라는 스웨이드 가죽을 소재로 선택했는데 겉 칼라 와 안 칼라 마주하여 합봉 후 뒤집으세요.

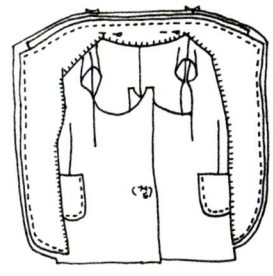

9. 칼라 합봉
몸판 겉과 5번의 안단 연결해둔것이 마주하는 사이에 8번 칼라 만들어 둔 것을 껴서 박음하세요.
주의: 몸판 뒷목 중심과 ✕안 칼라의 마주하는 위치 중요!

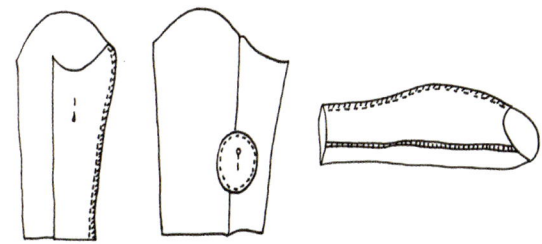

10. 소매 연결작업
겉 소매와 안 소매를 연결하세요. 오버로크 친 후 팔꿈치 가 죽을 시침핀으로 고정한 다음 칼라실을 맞추어 상침 2mm 간격으로 정교하게 박음하세요. 소매를 옆선 합봉한 후 오버 로크 하세요.

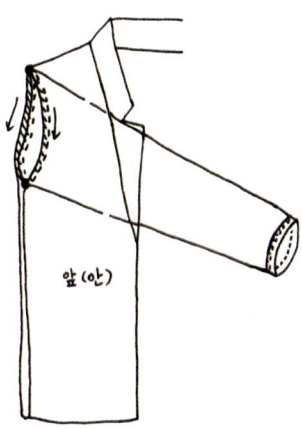

11. 진동 합봉
몸판 어깨 중심과 소매 중심 마주하여 진동 합봉한뒤 오버 로크 하세요.

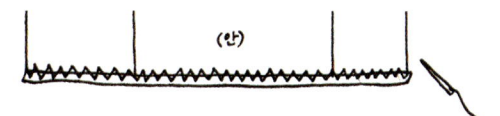

12. 소매 밑단처리
소매 오버로크 치고 밑단 오버로크 친 후 다림으로 2cm 꺾 음하여 세발뜨기로 손바느질하세요.

13. 앞판에 단추는 2개 달아 여밈하세요.

쇼울 칼라 카디건

재단하기

준비: 앞판 2장, 뒤판 1장, 소매 2장, 주머니 15×17cm 4장, 손목 시보리 10×15cm 2장(시보리는 골지 방향으로 칼라 엇갈리게 아껴 2장 재단)

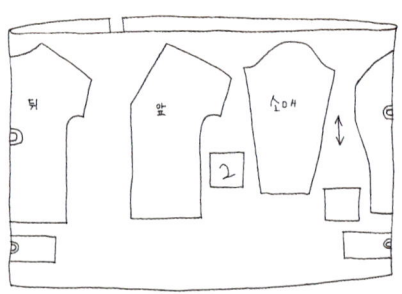

바느질 시작

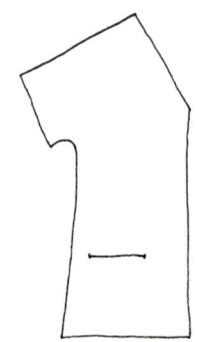

1. 주머니 만들기
패턴의 자리대로 앞판 2장의 주머니 위치를 파내어 잘라 주세요. 하단 30cm 위 옆선에서 4cm 안쪽의 13cm 자르세요. 자를 때는 재단가위로 콕 찌르듯 자르고 도려내야 합니다.

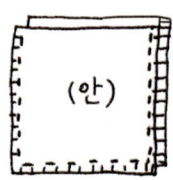

2. 주머니 달기
주머니의 겉과 겉을 마주하여 합봉 후에 오버로크하세요 (2장 모두).

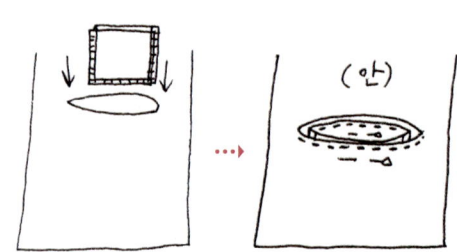

3. 앞판 주머니 위치 도려낸 부분 안쪽에서 잘라낸 부분 겉과 주머니 겉을 마주하여 주머니 옆선 위치에 시침핀을 꽂고 합봉한 후 오버로크하세요.

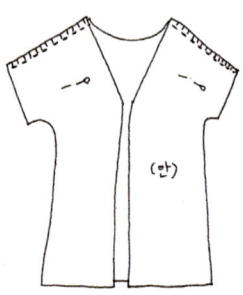

4. 어깨 합봉하기
겉과 겉을 마주하여 어깨를 합봉하고 오버로크하세요.

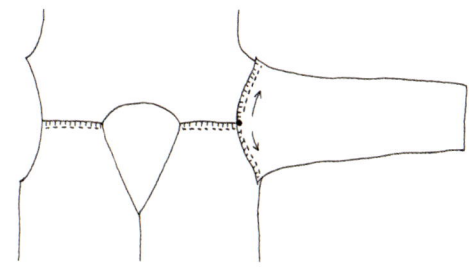

5. 소매 만들기
몸판을 펼친 후 시접은 앞판에서 뒤판으로 넘기고 어깨 중심과 소매 중심을 마주하여 진동을 합봉하고 오버로크하세요.

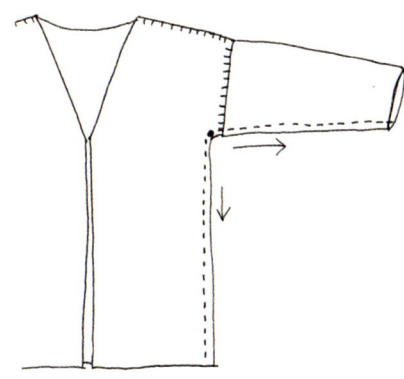

6. 겨드랑이 옆선 합봉하기
겨드랑이 중심을 잡고 겨드랑이에서 소매 쪽, 겨드랑이에서 옆선 쪽을 합봉하고 오버로크하세요.

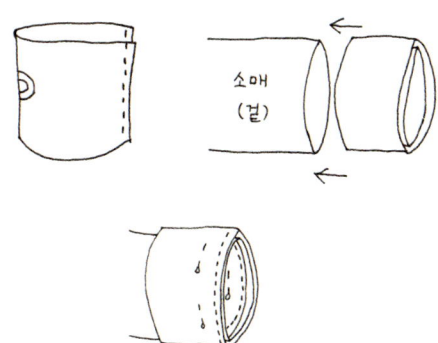

7. 손목 시보리 만들기
손목 시보리 2장을 세로 합봉 후, 안과 마주하게 반을 접어주세요. 소매 몸판은 1/2 부분에 초크 표시하고, 시보리 소매에 끼워 시보리만 당겨 합봉 후에 오버로크하세요.

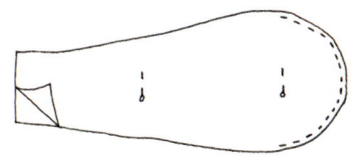

8. 칼라 시보리 만들기
칼라 2장을 펼쳐 겉과 겉을 마주하여 합봉하고, 2장 안과 안을 마주하여 2겹을 접으세요.

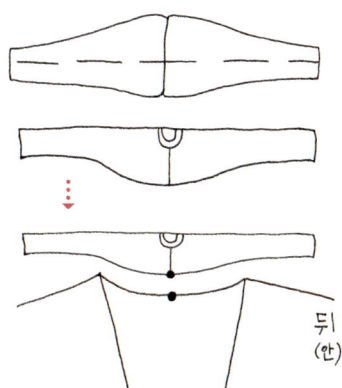

9. 쇼울 칼라 달기
몸판 뒷목 중심 겉에 초크 표시하고 칼라 골지 2장을 합봉한 선 중심과 마주하여 앞판으로 여밈 부분을 합봉하세요.

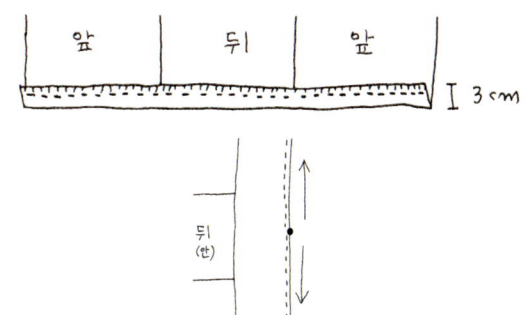

10. 밑단 작업
밑단을 오버로크한 후, 밑단 3cm를 한 번 꺾어서 박음질하세요.

11. 단춧구멍 만들기
단추는 주머니 라인에 하나, 위와 아래에 10cm 간격으로 단춧구멍 3cm를 뚫어주세요. 여성복은 오른쪽에 단춧구멍을 만들어야 합니다.

12. 마무리
주머니 라인 칼라 부분, 밑단은 스팀열로 깔끔하게 다림질하세요.

성인 카디건

봄, 가을용 필수 아이템 아우터인 카디건. 여 (free 사이즈) 55~66 실물 패턴.

재단하기

두께감이 조금 있는 미니쭈리 선택 60인치 1.5y 소요.

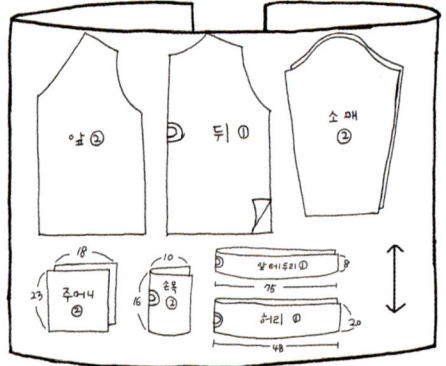

바느질 시작

주머니가 포인트 그림을 살린 아이템이라 조금 순서가 다름, 거즈는 올리브나염 포인트를 모티브처럼 그림 살려 준비

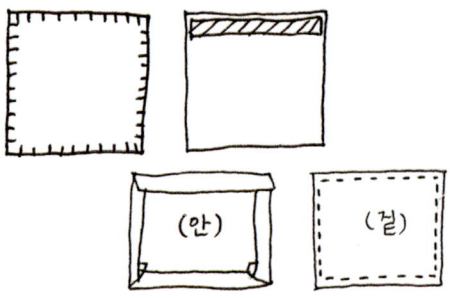

1. 주머니 포인트 살리기
사방을 오버로크한 후, 윗시접에 힘을 받기 위해서 접착 다대테이프 한 줄(15mm)을 다리미로 눌러 붙이세요. 윗시접은 18mm 정도 한 번 다림으로 꺾고 나머지 3군데 시접의 7mm는 정교하게 눌러둡니다. 윗시접 18mm 한 번 꺾은 부분은 박음질하세요.

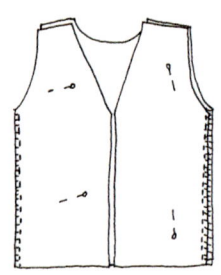

2. 몸판 옆선 박음하기
몸판 겉과 겉을 마주하여 앞판과 뒤판의 옆선을 박음질 하세요(오버로크).

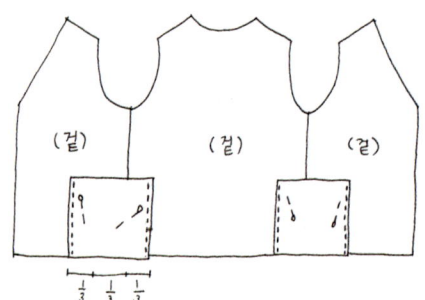

3. 주머니 달기
박음질한 것을 펼친 후, 올리브 주머니 겉감 나염을 살려 앞판에 주머니가 2/3 정도 보여지게 시침핀 위치를 고정하세요. 양옆 주머니 세로 부분은 박음질해 주세요.

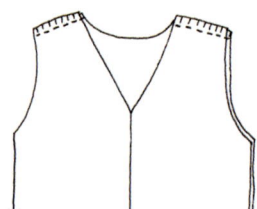

4. 어깨 진동 부분
몸판 겉과 겉 앞뒤 판을 마주하여 어깨를 합봉하세요(오버로크).

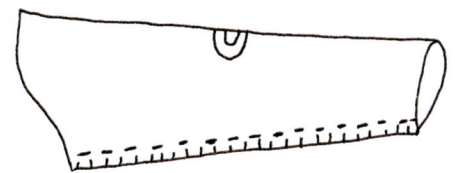

5. 소매 작업
소매는 2장 모두 소매 옆선 합봉하세요(오버로크). 소매 어깨 중심에 초크로 표시하여 겨드랑이선에 딱 맞춰 진동을 둘러 박아 주세요(오버로크).

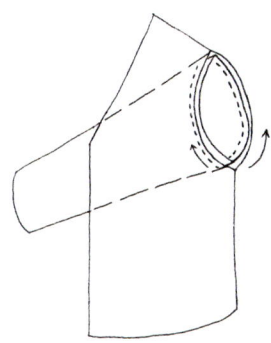

6. 시보리 작업
고무단 = 시보리
손목 시보리 10×16cm 골선 2장 준비하세요.
앞테두리 시보리 150×8cm 골선 1장 준비하세요.
허리 시보리 45~50×16cm 골선 1장 준비하세요(55의 경우, 45정도에서 50cm까지 몸 치수에 따라 결정).

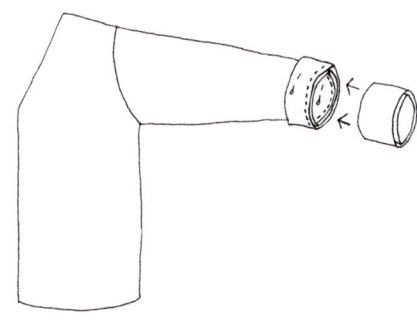

7. 앞테두리 시보리 달기
앞테두리 시보리를 반 접어 중심에 초크 표시하고 4cm로 폭을 반 접어 2겹으로 만든 후, 앞테두리 몸판 쪽으로 시접을 꺾어 겉에서 2mm 눌러박기 상침하세요.

Tip. 뒤판 목 중심에 초크 표시하여 뒷목 중심에서 2겹인 시보리를 앞자락으로 합봉 시 당기면 안 됩니다. 남은 부분은 여유로 남겨진 부분이니 자르시고 오버로크하세요.

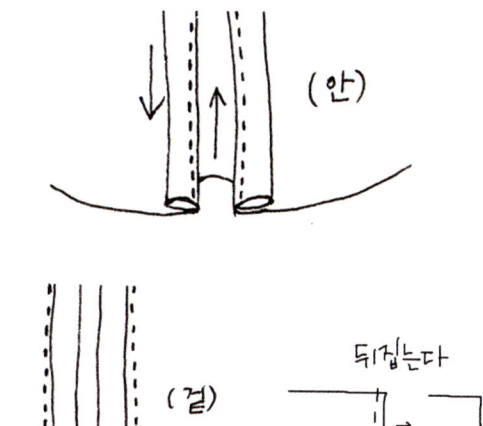

8. 허리 시보리 달기
허리 시보리인 골선 45×16cm와 90×16cm 시보리를 폭 겉 마주 접어 8cm로 양옆을 합봉한 후에 뒤집어 주세요. 시보리도 반 접어 중심 표시 후, 시보리만 당겨 꼭 맞게 일치 합봉시켜 오버로크하세요.

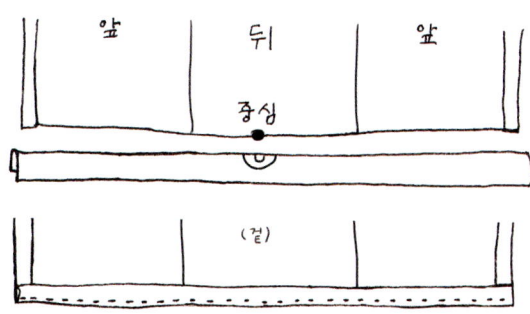

9. 손목 시보리 달기
손목 시보리 2장 모두 세로 합봉 후, 안을 마주하여 2겹의 손목 부분을 만드세요.
안쪽 시접과 시보리 바느질선을 일치하게 2등분 표시하여 시보리만 당겨 합봉하세요(오버로크).

10. 마무리
스팀다리미 열로 바느질선을 마무리해 주세요.

11. 단춧구멍 만들기
여성옷은 오른쪽이 여며지므로 오른쪽에 단춧구멍을 만들어 주세요. 허리 시보리 부분에 20mm 2개를 만들고, 위로 8cm 간격에 20mm 3개를 만드세요.

판초

쇼울룩 느낌인 판초룩은 걸쳐입는 느낌으로 스타일을 살릴 수 있는 멋쟁이 콘셉.
원단은 60인치 폭에 110cm 재단시 필요.

바느질 시작

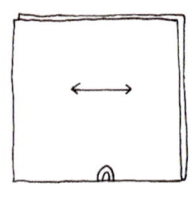 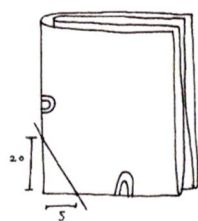

1. 재단하기
직각자로 60인치 폭을 반접어 110cm로 정확한 직각 재단으로 자르세요.
110cm 길이를 한번 더 접어서 가로 5cm, 세로 20cm 지점에 체크하여 cut하세요.

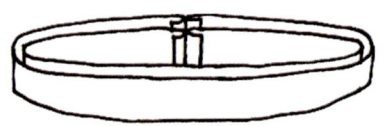

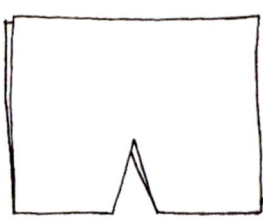

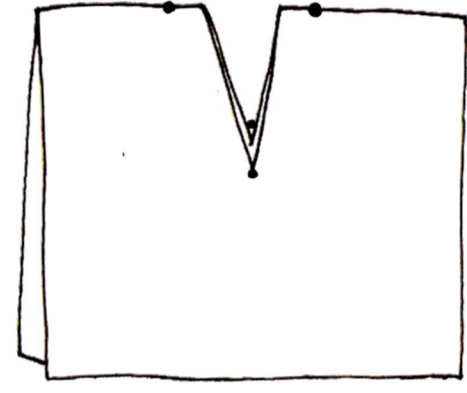

2. 펼치면 뒤집어 겉이 보이게 한 후 목부분이 되는 부분을 4등분 초크 표기해두세요.

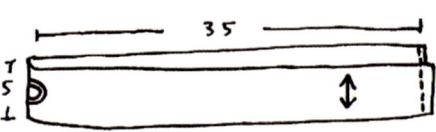

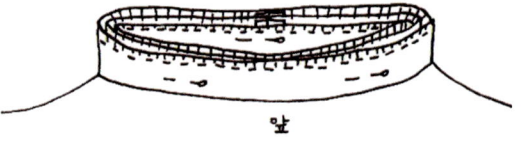

3. 목부분 고무단 재단. 접어 35x5cm 1장 재단한 다음 폭박음 후 반접어 두겹을 4등분 표기하세요.

4. 판초 몸판 4등분 겉과 목부분 고무단 4등분 겉 마주하여 고무단만 당겨 4등분에 일치하게 박음 후 오버로크 하세요.

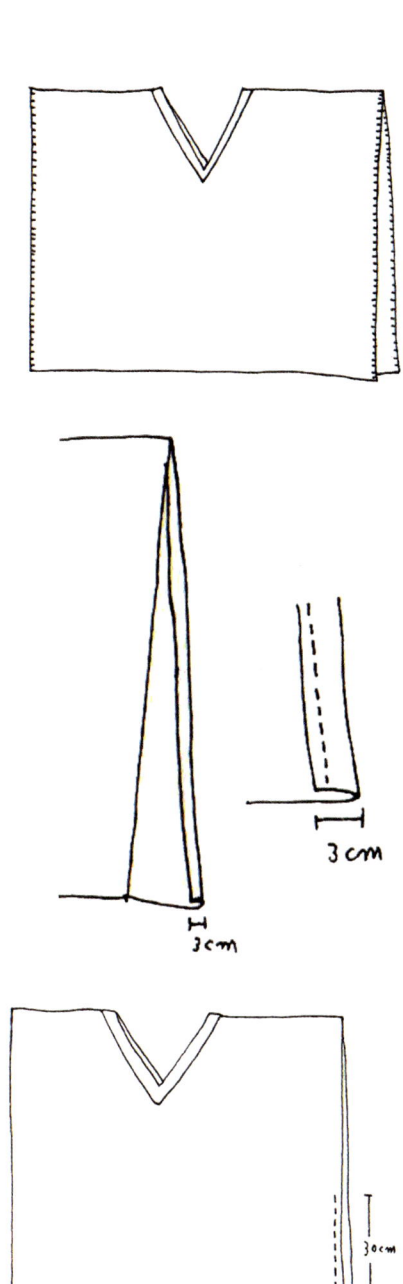

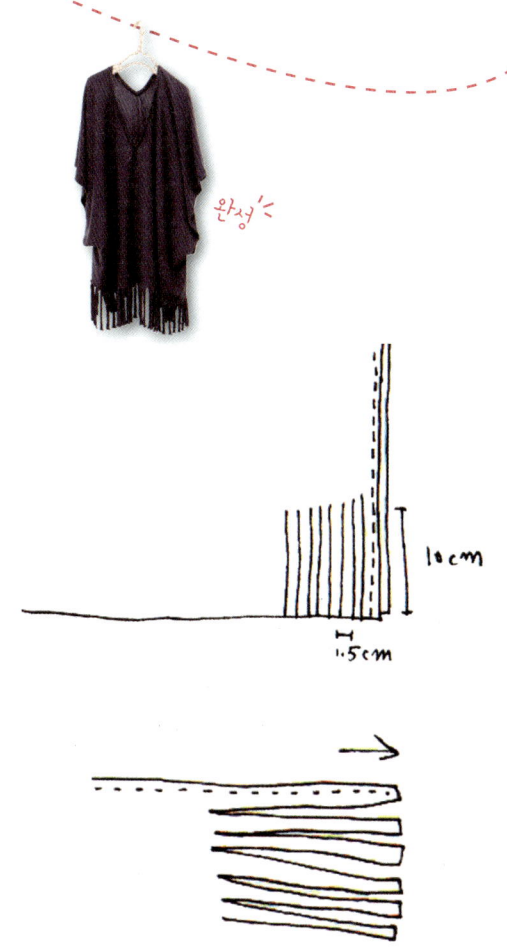

5. 양옆 폭 모두 오버로크하세요. 다림으로 3cm 한 번 꺾어 그대로 박음 후 30cm하단에서 위로 초크표기 후 앞으로 정한 곳에서 앞에서 뒤로 넘길 얹어 박음 고정하세요.(위에서 상침)

6. 수술 만들기
하단에 10cm 길이를 15mm 간격으로 가위로 자른 후 당겨 수술을 만드세요.

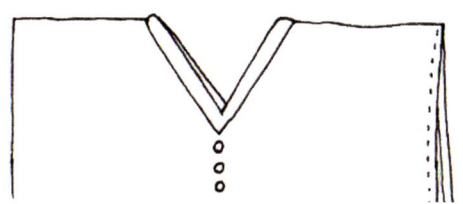

7. 단추 달기
앞판 중심에 앞표시 구분위해 포인트로 단추 3개를 나란히 달아주세요.

편안한 상하복(남녀공용)

책 내용 실물 사이즈는 5세(110호) 패턴 그대로 재단하세요. 편안한 실내복이자 활동복으로 기본 아이템입니다.

재단하기

준비: 상의 – 주머니 1장, 앞판 1장, 뒤판 1장, 소매 2장, 목 고무단 18×5cm 1장 (목 고무단 5~6세는 18×5cm, 7~8세는 20×5cm, 9~10세는 21×5cm)

하의 – 앞판 2장, 뒤판 2장, 주머니 1장, 주머니 안단 2장, 허리 고무단 25×7cm 1장 (허리 고무단 5~6세는 25×7cm, 7~8세는 27×7cm, 9~10세는 29×7cm)

* 내피로 허리 고무줄 폭 20mm, 허리 고무단에 –3cm 정도

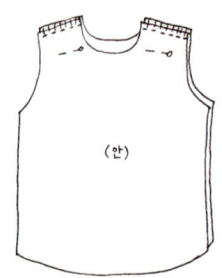

2. 어깨 합봉
겉과 겉 뒤판과 앞판의 어깨를 마주하여 박음질하고 오버로크하세요.

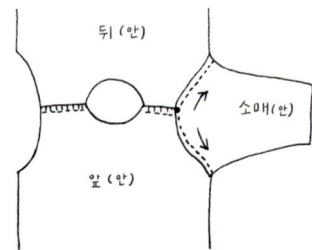

3. 소매 진동 작업
어깨 중심과 소매 중심의 겉과 겉이 마주하는 곳에 소매 앞판 표시와 몸판 앞을 마주하여 박음질하고, 소매 진동을 박음질한 다음 오버로크하세요.

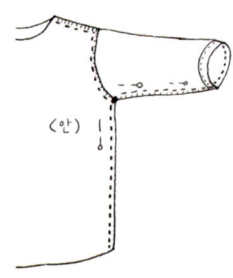

바느질 시작 – 상의만들기

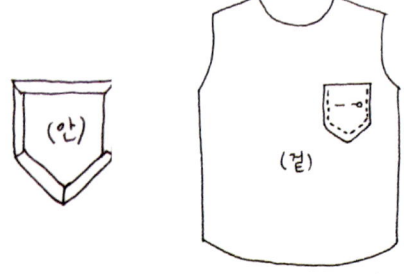

1. 앞 포인트 주머니 작업
앞판에 주머니 포인트를 상단 2cm 한 번 꺾고, 나머지 부분 5mm 한 번씩 다림으로 꺾은 후, 남는 왼쪽 가슴에 위치를 잡아 상침 스티치를 2mm 간격으로 꼼꼼하게 박음질하세요.

4. 옆선 작업
겨드랑이 중심을 마주하여 소매 쪽과 옆선 쪽을 합봉하고 오버로크하세요.

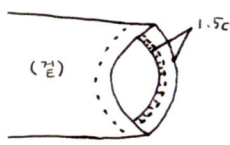

5. 밑단 작업
밑단과 소맷단을 오버로크한 후, 밑단은 2cm 한 번 꺾어 박음질하고 소맷단은 1.5cm 한 번 꺾어 박음질하세요.

6. 목부분 시보리 준비 작업
목 고무단은 반 접어 폭 박음 후, 폭을 반 접은 2.5mm를 초크 표시하여 둘레 4등분하세요.

7. 목부분 시보리 합봉
몸판에 한쪽 어깨 시접을 기점으로 목둘레를 4등분 초크 표시한 후, 목 고무단을 끼워 4등분과 마주한 다음 고무단만 당겨 일치하게 박음질하고 오버로크하세요. 겉에서 몸판 쪽으로 시접을 꺾어 상침 스티치 2mm 간격으로 눌러 박고, 스팀다리미로 시접을 정돈하세요.

바느질 시작 - 하의만들기

1. 밑위 작업
뒤판 2장, 앞판 2장 그대로 겉과 겉을 마주하여 밑위를 합봉하고 오버로크하세요.

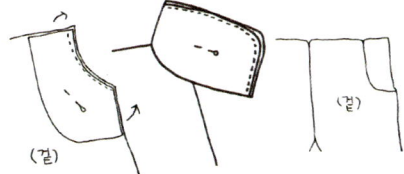

2. 주머니 작업
앞판을 펼쳐서 주머니 속감을 겉과 마주하여 합봉하세요. 주머니를 펼쳐 주머니 겉감과 마주하여 둥근 부분을 합봉하고 오버로크하세요.

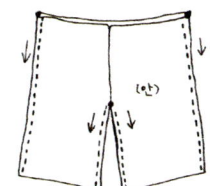

3. 옆선 합봉
주머니를 자리 잡고 앞, 뒤판 겉과 겉을 마주하여 가랑이 중심에서 밑아래와 양 옆선을 합봉하고 오버로크하세요.

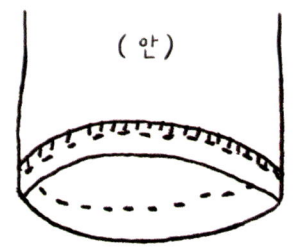

4. 밑단 작업
밑단 오버로크 후, 2cm 한 번 꺾어 박음질하세요.

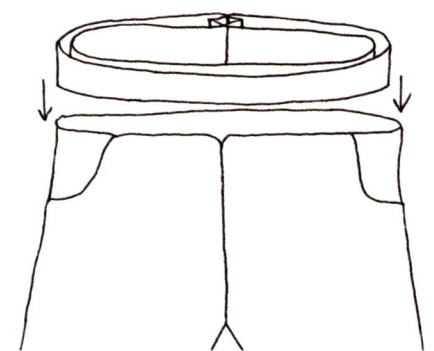

5. 허리 시보리 작업
허리 고무단 폭을 박음질 후, 폭을 반 접은 3.5cm를 초크 표시하여 둘레 4등분하세요.

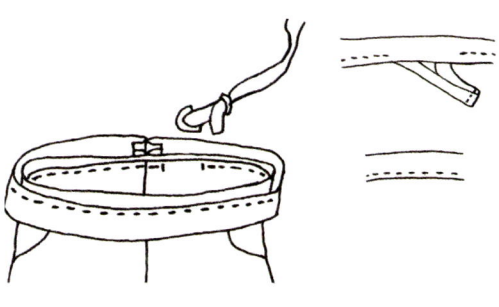

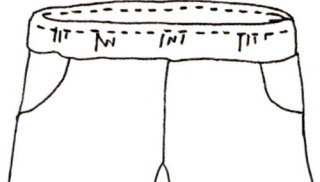

6. 허리 시보리 합봉
바지 몸판 4등분 기점 - 양옆, 앞, 뒤점과 마주하여 한 바퀴 둘러 박을 때 고무단을 늘려가며 일치하게 한 다음 고무줄 넣을 창구멍 5cm를 남기고 박음질하세요. 이때 옷핀을 꽂아 고무질이 꼬이지 않게 넣고 고무줄을 합봉한 후 창구멍을 막으세요. 세탁 후에 고무줄이 꼬이지 않도록 겉에서 허리를 당기며 한 번 상침 눌러박기를 해주세요.

V넥 조끼(남아)

4~5세 사이즈예요. 스쿨룩 느낌 소재로 봄, 가을 언더웨어로 코디하기 좋은 아이템이랍니다.

재단하기

준비: 앞 1장, 뒤 1장, 속 고무단 22×5cm 1장, 진동 고무단 13×5cm 2장, 허리 고무단 28×14cm 1장.
(고무단은 나이별로 치수가 커질수록 가로 둘레를 1cm씩 추가)

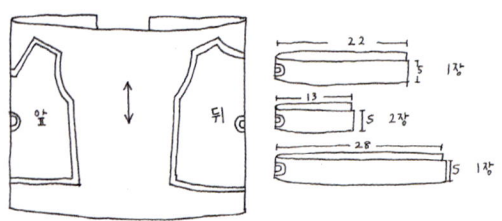

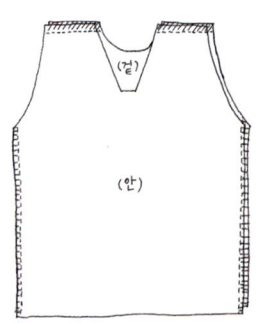

1. 어깨 합봉
겉과 겉을 마주하여 어깨를 합봉하고 오버로크하세요.

2. 옆선 합봉
옆선을 마주하여 양옆을 합봉하고 오버로크하세요.

바느질 시작

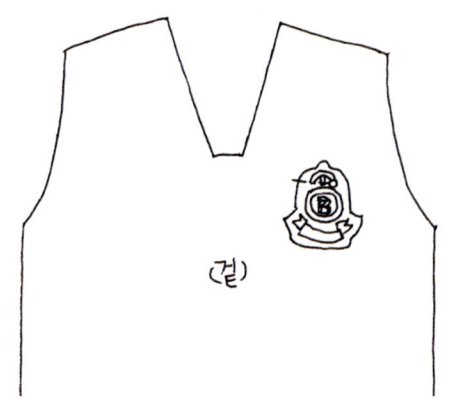

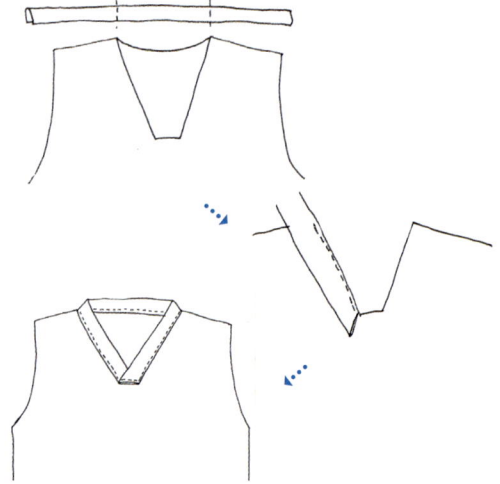

3. 앞 시보리 V넥 작업
앞 V라인 부분 목둘레 고무단 몸판을 5cm 폭을 반 접어 앞부분이 겹쳐지도록 박음질하세요. 탱탱하게 당겨서 일치하게 하여 오버로크하세요.

Tip. 준비된 포인트 와펜이 있다면 가슴 부분에 미리 박음질하세요.

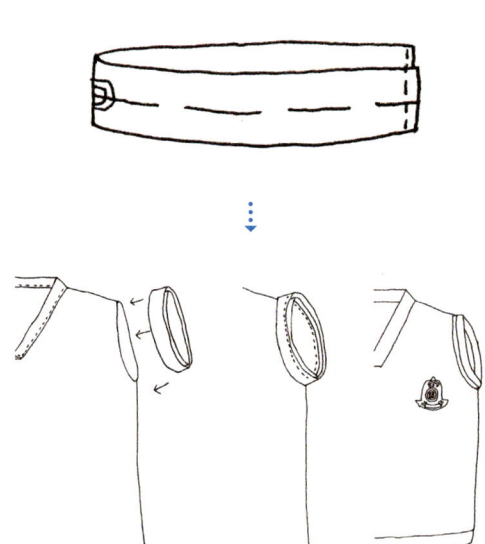
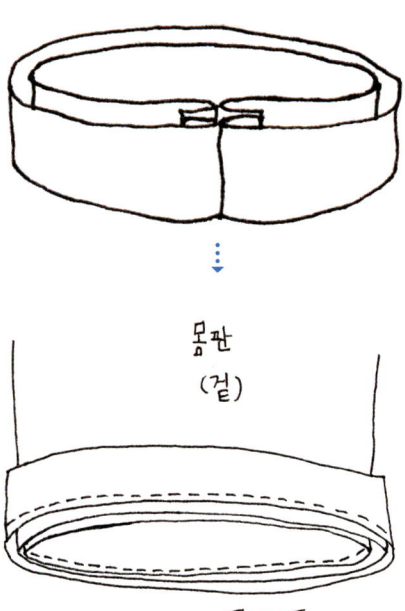

4. 진동 시보리 작업
진동 부분 고무단도 세로폭 박음 후, 2.5cm로 반 접어 겨드랑이 중심과 일치하여 한 바퀴 둘러 박고 오버로크하세요. 2등분하여 일치하면 좋습니다.

5. 허리 시보리 작업
허리 고무단도 세로폭 박음 후, 14cm를 반 접어 7cm로 만들고 4등분 초크 표시하세요. 몸판 양옆과 앞, 뒤 중심을 초크 표시한 후 허리 고무단을 당겨가며 일치하게 박음질하고 오버로크하세요.

6. 마무리
당겨진 고무단마다 스팀열로 다림질하면 깔끔하게 완성됩니다.

Memo

드로즈 팬티(남아)

재단하기

준비: 속 중심 안감 1장(회색 무지), 겉감 중심 1장(나염), 앞판 나염 2장, 뒤판 나염 1장
* 아껴서 식서 방향으로 시접 없이 재단하세요.
* 니트 전용 바늘 세팅, 윗실 면사 + 밑실 스판사 준비하세요.

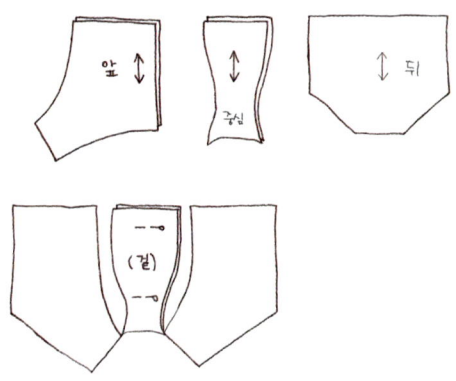

바느질 시작

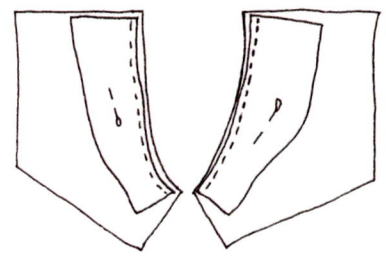

1. 앞판 중심 작업
속 중심인 안감과 겉감을 포개어 안과 안을 마주하여 2겹을 시침 고정해 앞판 겉 중심으로 배열되게 합봉하세요. 속 중심 중앙은 2겹이 되는 것입니다.

2. 앞판 모두 연결한 것과 뒤판 양옆을 합봉한 후, 모두 오버로크하세요.

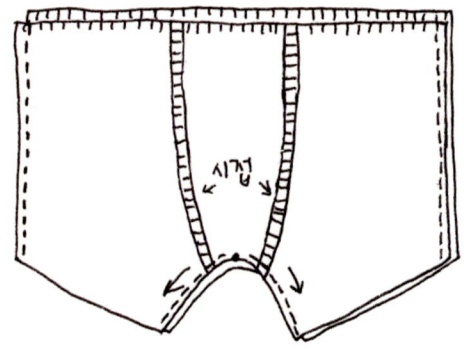

3. 밑아래 박음
하단 가랑이 부분의 앞 중심 시접은 바깥쪽으로 모두 향하게 하여 합봉하고 오버로크하세요.

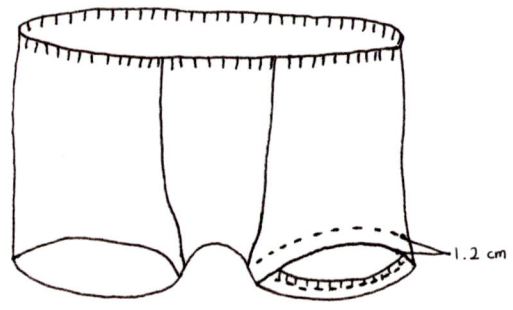

4. 밑단 작업
밑단 부분도 시접을 뒤쪽으로 향하게 오버로크하고, 허리둘레도 모두 오버로크하세요.

 면 다이마루 스판기 있는 소재 자투리로 많이 활용하세요.

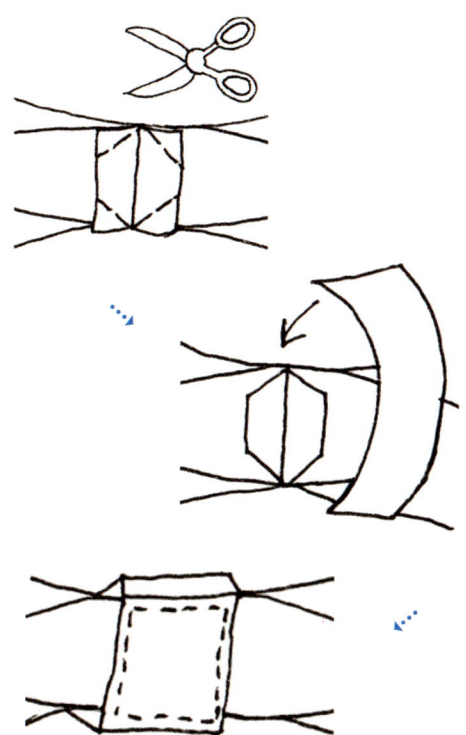

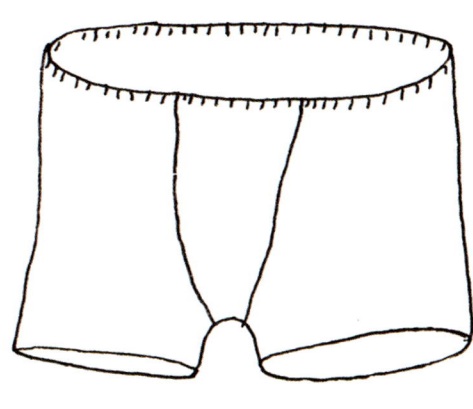

5. 허리 고무줄 작업
허리 고무줄은 몸판의 80% 정도로 설정해 겉과 겉을 마주하여 세로폭을 박음질하세요. 고무줄 가름솔하고 모서리는 빠져 나오지 않게 잘라 정리한 후, 린넨 테이프를 폭 길이에 맞춰 약 5mm 위아래를 꺾어 고무줄 이음선 위에 덧박음으로 고정하세요. 이때 바느질 간격은 1mm입니다.

6. 밑단 박기 (4번 그림 참조)
밑단은 12mm 정도로 하여 한 번 꺾음 박음질하세요.

7. 허리 고무줄 작업
고무줄 라벨 단 것을 뒤 중심으로 잡고 고무줄 안쪽에 4등분 초크 표시를 하세요. 몸판 팬티 안감 쪽 허리둘레도 4등분 초크 표시하세요.

8. 팬티 안감 쪽 오버로크한 선 위에서 고무줄 안쪽을 초크 표시한 곳에 고무줄만 4등분 맞춰 살짝 당겨가며 겹치는 부분을 약 5~7mm 박으면서 고정하세요.

후드 아우터

꽃나염 소재로 봄느낌 물씬나는 후드 나글란 아우터.
편안하게 덧입을수 있는 스타일.

재단하기

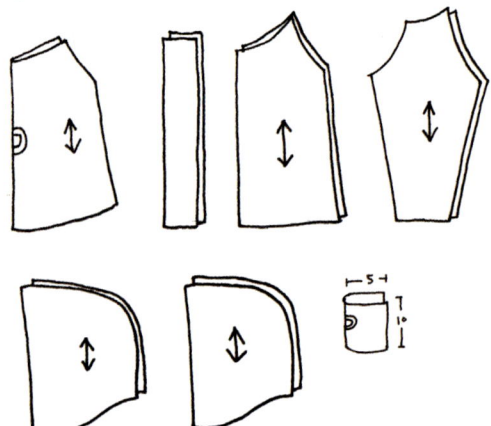

앞 안단은 단추를 달부분. 단춧구멍을 달부분이라 니트 소재가 아닌 거즈면을 선택. 후드 안감도 거즈면으로 매치했다.

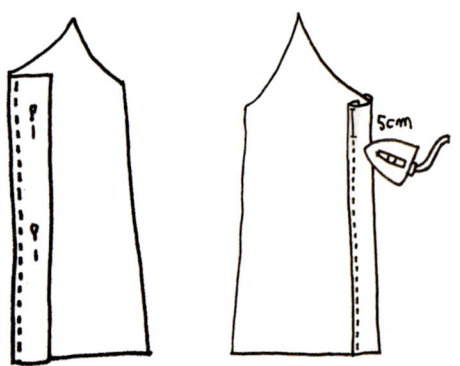

1. 앞 안단 작업
앞판 앞 안단 마주하여 박음세요. 앞 안단 다리미로 1cm 한번 꺾고 몸판쪽으로 다림하여 눌러두세요. 입구 부분은 5cm 남겨두고 아래는 상침으로 눌러박으세요. 바느질 간격은 2mm.

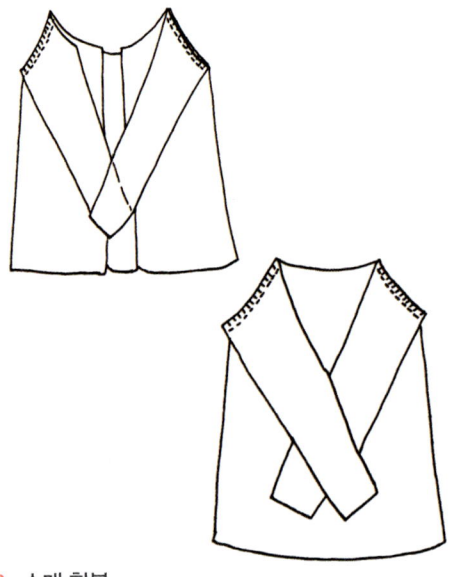

2. 소매 합봉
앞판 바로 놓은 상태위에 소매앞 진동 마주하여 합봉하세요. 뒤판 바로 놓은 상태+뒷소매부분 진동 합봉하세요. 4군데 모두 오버로크 하세요.

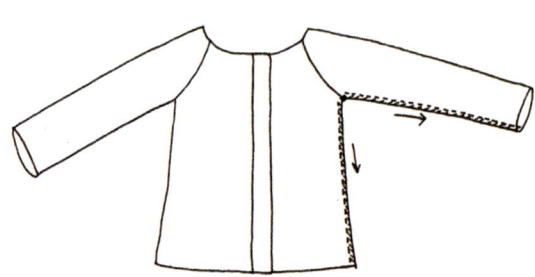

3. 옆선 합봉
겨드랑이 중심 마주하여 소매쪽, 옆선쪽 합봉 후 오버로크하세요. 밑단도 오버로크하세요.

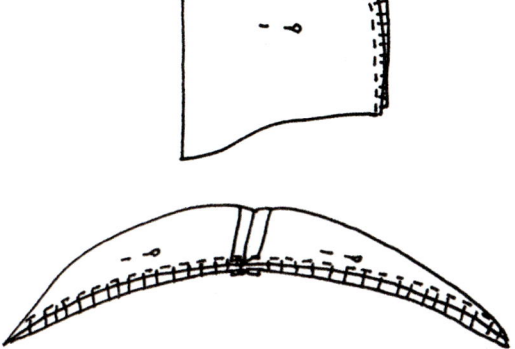

4. 겉감, 안감 작업
후드 겉감, 안감 모두 겉끼리 마주하여 합봉 후, 앞 중심 가름솔로 하여 겉과 안감후드 겉을 마주하여 박음하세요.

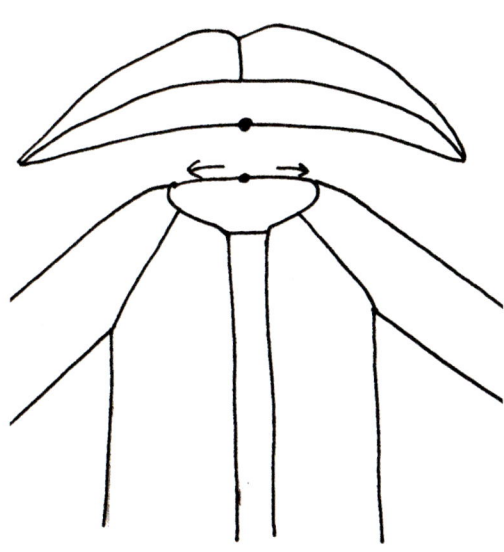

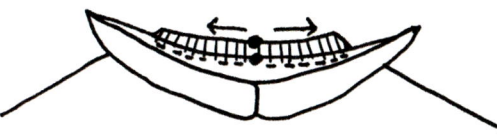

5. 모자 합봉
모자를 뒤집어 겉이 보이게 한 후 몸판 뒷목 중심 초크표기 후 후드 뒷목 중심과 몸판 목 중심 마주하여 중앙에서 합봉 한 후 오버로크하세요.

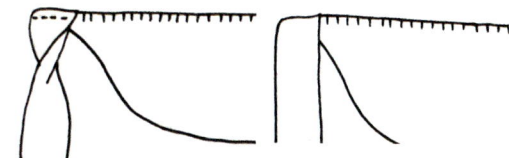

6. 모자 연결부분 작업
앞면 앞 안단을 겉으로 넘겨 합봉 후 뒤집어 앞 안단을 5cm 남겨두고 박으세요. 모자 연결부분이 깔끔하게 완성.

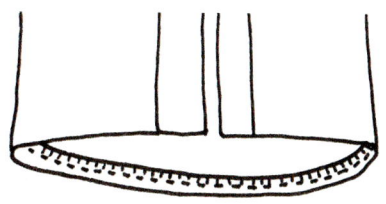

7. 마무리
밑단은 오버로크 한 곳 2cm 한번 꺾어 박음 후 다림으로 마무리하세요.

131

여름 끈 원피스(여아)

순면 20수. 바탕은 내추럴톤에 꽃나염이 돋보이는 소재를 선택하여 간단하고 손쉽게 만드는 끈 원피스에요. 하나만 입힐 수 있어 시원한 여름옷으로 좋으니 실용적인 아이템입니다.

재단하기

준비: 뒷판 1장, 앞판 1장, 라벨 1장, 7mm 폭 순면 끈 100cm 1개, 니트 바이어스 시접용 1y

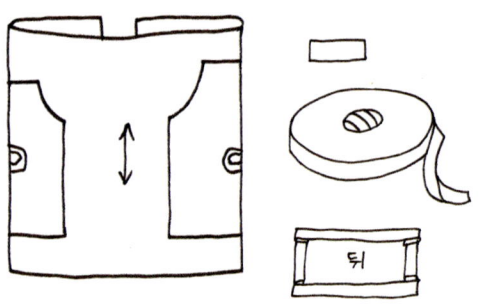

바느질 시작

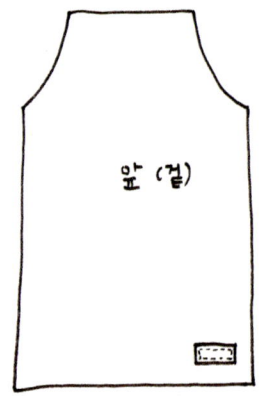

1. 라벨 달기
앞판 옆 아랫부분에 라벨을 양쪽 꺾어 사방을 박아주세요.

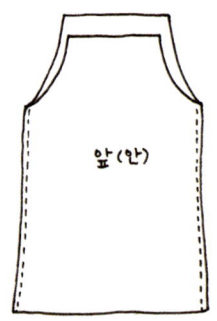

2. 옆선 합봉
앞, 뒷판 겉과 겉을 마주하여 양 옆선을 박고 오버로크 하세요.

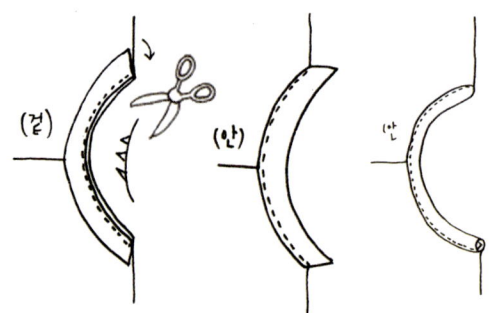

3. 몸판 바인딩 작업
펼쳐서 몸판 꽃무늬 겉과 니트 바이어스 겉을 마주하여 노루발 간격만큼 일자박기를 하세요. 이 때 니트 바이어스를 아주 살짝 당겨서 박으세요.

4. 어깨 끈 작업
급경사로 진동이 라운드가 휘어진 부분의 가윗밥을 잘라주세요. 안으로 바느질선만큼 한 번 꺾은 후, 한 번 더 접어 바이어스가 살짝 들어간 느낌으로 만들어주세요. 안단 바이어스 처리로 깔끔하게 1mm 상침하시면 겉감 꽃무늬 쪽에는 1cm정도 스티치가 보여질 거예요. 겉은 선만 보여지고 안쪽은 깨끗하게 시접처리가 되므로 자주 세탁해도 좋은 느낌을 유지할 수 있습니다.

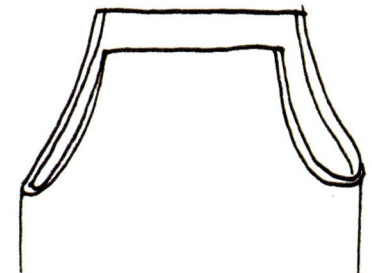

5. 앞, 뒤 시접처리
윗시접 앞, 뒤판과 밑단 모두 오버로크하세요.

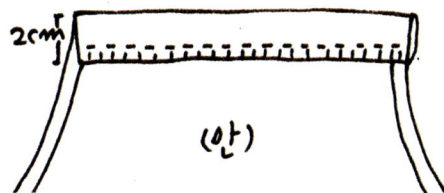

6. 끈 들어갈 작업
윗시접은 2cm 한 번 꺾어 박음질하세요. 이것은 끈이 관통할 부분입니다.

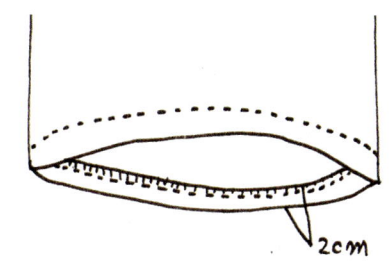

7. 밑단 처리
밑단은 2cm 한 번 꺾어주세요.

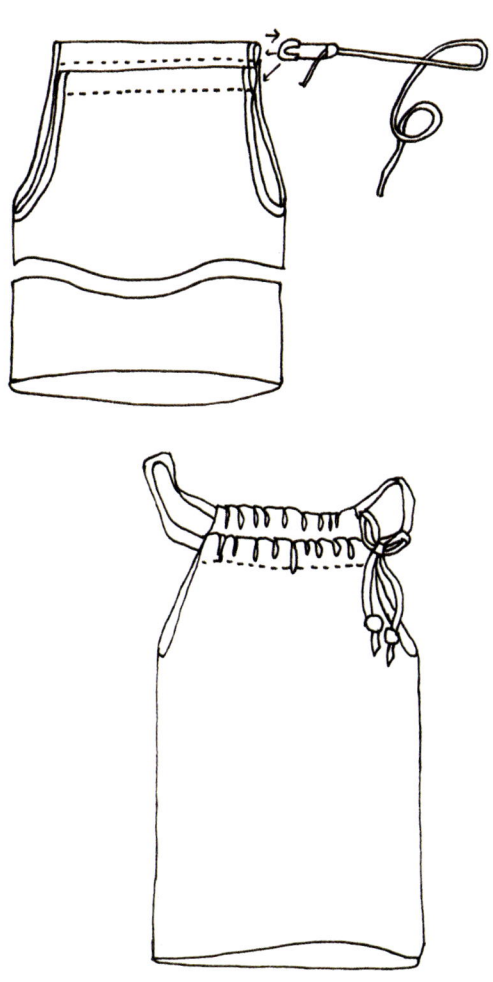

8. 끈 끼우기
끈 끼울 옷핀을 준비하세요. 끈을 끼울 때는 어깨 끼울 만큼의 공간을 만들면서 한쪽에 리본 묶음으로 마무리하세요. 방울 장식이 있으면 끼우고 매듭을 지어주면 더 예뻐요.

Memo

프릴 퍼프 상의

소매 퍼프를 살린 샤방샤방 스타일이에요.

재단하기

준비: 뒤판 1장, 앞판 1장, 소매 2장
(미니 사과가 예쁜 소재)

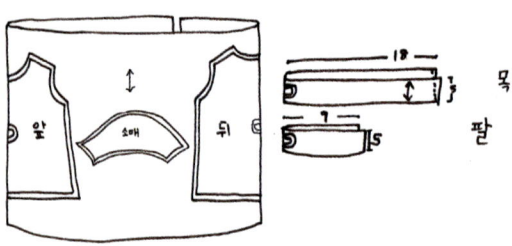

바느질 시작

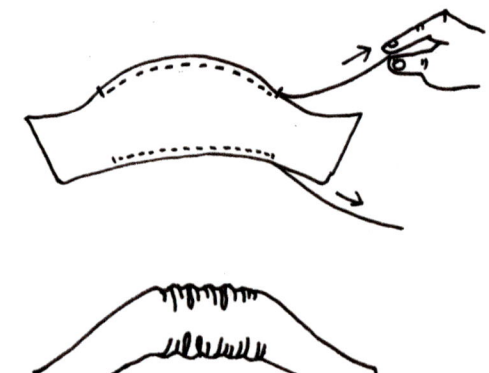

2. 소매 프릴 만들기
표시되어 있는 주름분을 바늘땀 4로 크게 설정하되 되박음하지 말고, 일자박음한 후 밑실을 당겨 예쁘게 프릴을 만들어두세요.

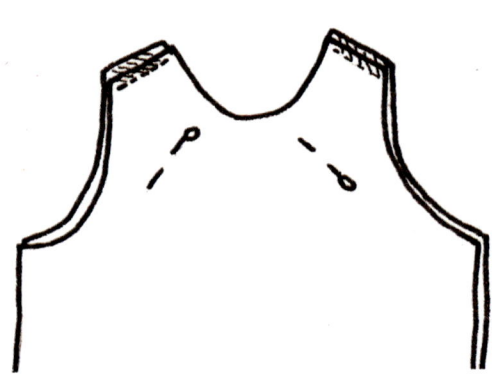

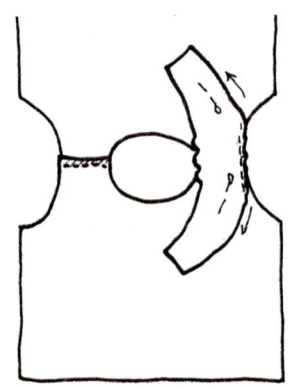

1. 어깨 합봉
앞판과 뒤판을 마주하여 어깨를 합봉하고 오버로크하세요.

3. 진동 작업
몸판의 진동 길이만큼 당겨놓은 소매 부분을 어깨 중심과 앞, 뒤판을 구분하여 시침핀 고정한 후, 중심에서 진동라인을 합봉하고 오버로크하세요.

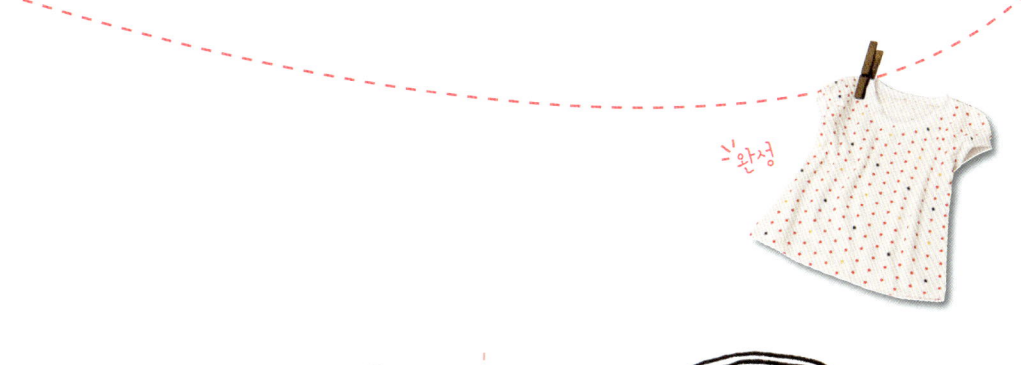

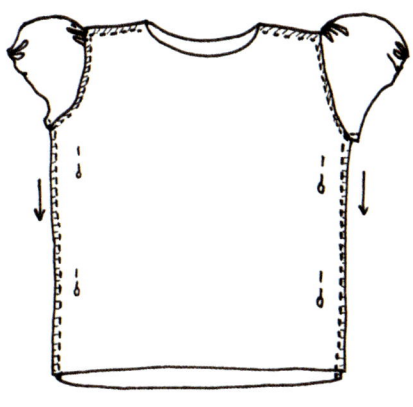

4. 옆선 합봉
겨드랑이 중심에 시침핀을 꽂아 소매 쪽과 옆선 쪽을 마주하여 합봉하고 오버로크하세요.

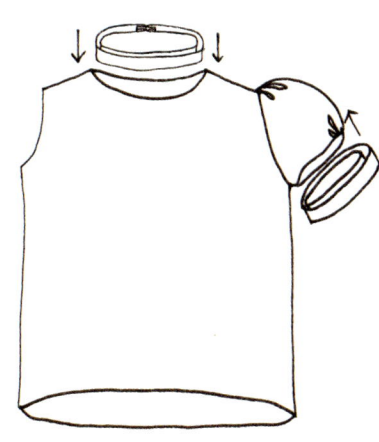

5. 목 시보리 작업
목 고무단은 목 몸판에 비해 약 70%로 설정합니다. 18×5cm 1장을 준비하세요. 팔 부분 고무단은 9×5cm 2장을 준비하세요. 보통 메인으로 선택한 원단 푸서 방향을 이용해 사용합니다. 여기에서 사과나염은 무지 크림화이트를 사용했어요.

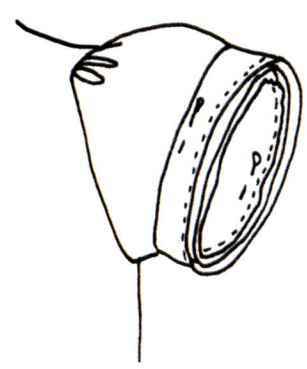

6. 목 시보리 합봉
목 고무단 합봉 후, 폭을 반 접어 2.5cm로 만들고 둘레는 4등분으로 초크 표시하세요. 몸판 목둘레를 한쪽 옆선부터 4등분하고, 목 고무단 4등분과 일치시켜 끼우고 고무단만 당겨서 합봉하고 오버로크하세요.

7. 소매 시보리 작업
소매 부분 역시 세로폭 합봉 후에 폭을 반 접어 소매둘레와 고무단을 늘려 당기면서 합봉하고 오버로크하세요.

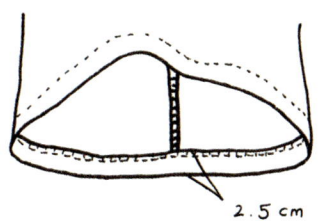

8. 마무리
밑단은 오버로크하고 약 2.5cm 한 번 꺾고 스팀다리미로 정리하여 마무리하세요.

민소매 프릴 원피스

프릴 원피스는 여자아이라면 누구나 탐내는 아이템이에요. 상판은 무지로, 스커트 프릴 부분은 나염을 활용해 스타일을 살리면 더 예뻐요.

재단하기

준비: 앞판 1장, 뒤판 1장, 스커트 2장, 끝단 프릴 2y, 진동 고무단 10×5cm 2장, 목 고무단 13×5cm 1장

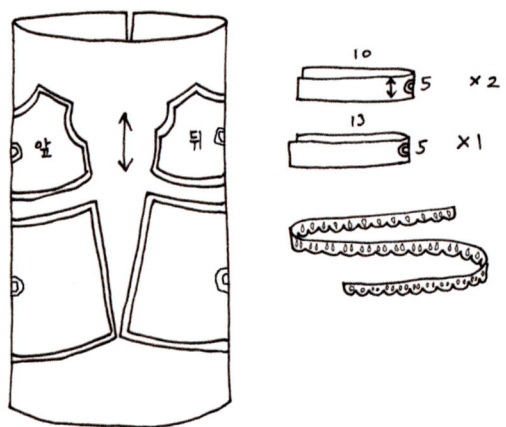

바느질 시작

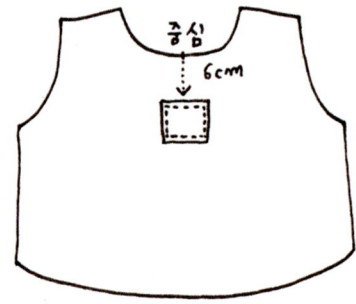

1. 라벨 작업
앞판 포인트 라벨은 중심에서 약 6cm 위로 올라간 곳에 상침 스티치로 정교하게 박아주세요.

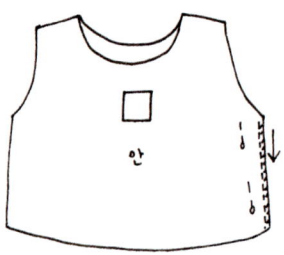

2. 옆선 합봉
다른 바느질과는 다르게 앞, 뒤판을 마주할 때 뒤판을 바닥에 놓은 상태 위에서 오른쪽 옆선을 합봉하고 오버로크하세요.

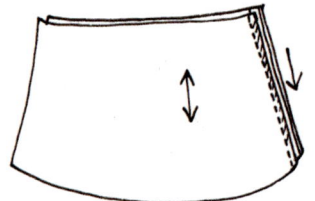

3. 스커트 옆선 합봉
스커트 2장을 마주하여 옆선 합봉 후에 오버로크하세요.

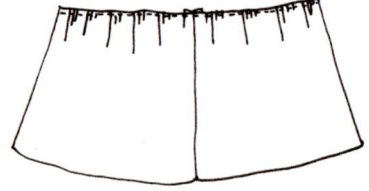

4. 프릴 만들기
주름 노루발로 교체한 후에 펼쳐서 겉감 위에서 주름을 잡아주세요. 장력은 크게 8 정도, 박음질 땀수는 4로 크게 세팅하세요. 겉부분 주름잡은 윗시접에 주름을 자연스럽게 박음으로 잡아주세요. 이때는 일반 노루발로 전환하고 장력은 평소대로 4 정도로 합니다.

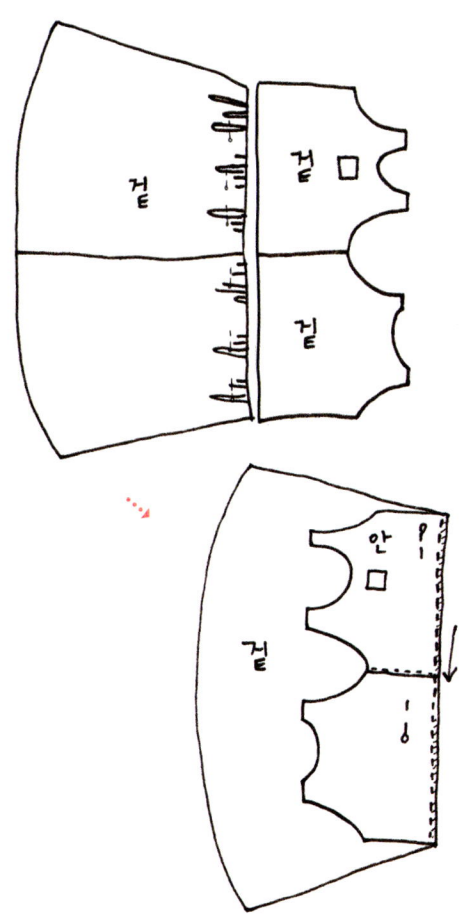

7. 옆선 합봉
상판 어깨를 합봉하고 나머지 옆선에서 스커트 옆선을 합봉하고 오버로크하세요.

5. 몸판 연결하기
윗상판을 펼쳐서 바로 놓고 스커트 주름잡은 것과 옆선을 마주하여 시침핀으로 고정하세요. 겉과 겉을 마주하여 합봉하고 오버로크하세요.

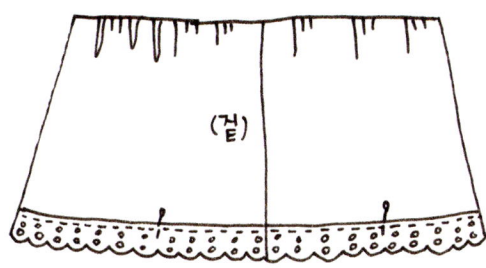

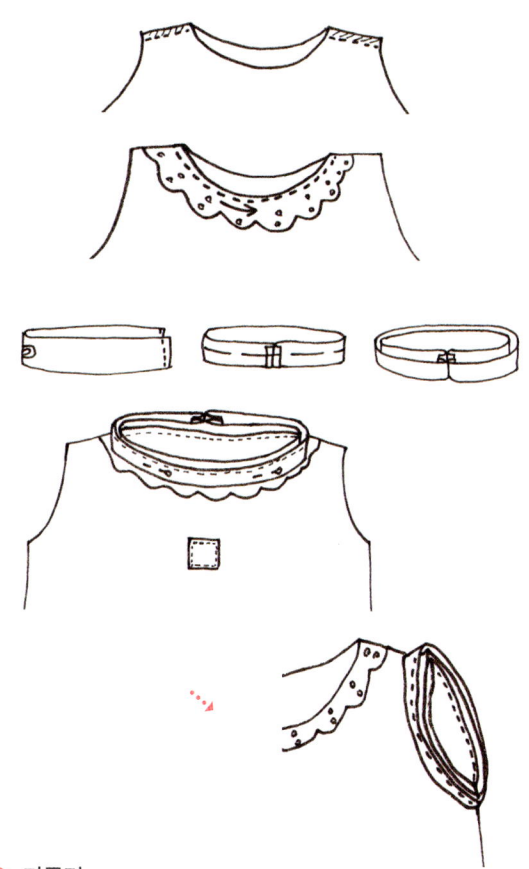

6. 스커트에 레이스 합봉
스커트 끝부분에 프릴 레이스를 얹어 박음질하세요.
레이스는 절대로 당겨서 박지 마세요.

8. 마무리
목과 진동 부분 고무단을 처리하고 오버로크하세요.

딸기 나염 원피스

원피스 스타일로 입다가 한두 해가 지나면 상의로 입을 수 있는 장점이 있어요.
가을, 겨울에는 따뜻한 누빔 소재에 딸기가 돋보이는 나염으로 만들면 좋아요. 1y 필요.

재단하기

준비: 앞판 1장, 뒤판 1장, 소매 2장, 주머니 1장,
손목 고무단 8×10cm 2장, 목 고무단 19×6cm 1장.

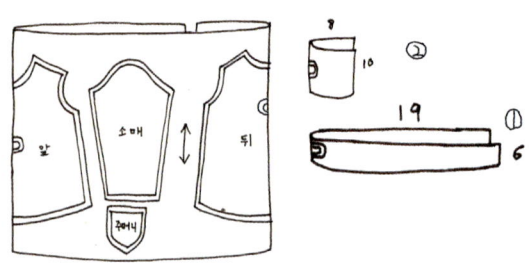

바느질 시작

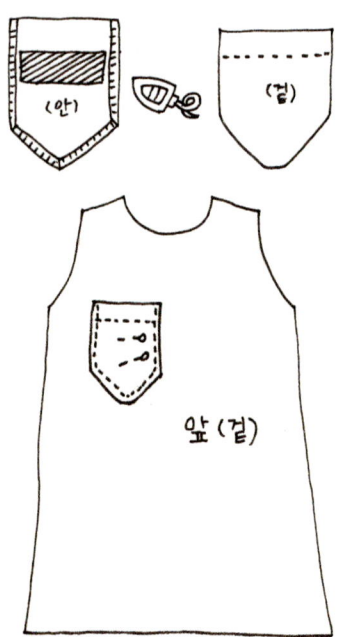

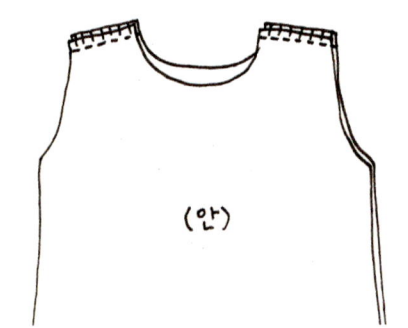

2. 어깨 합봉
앞판과 뒤판을 마주하여 어깨를 합봉하고 오버로크하세요.

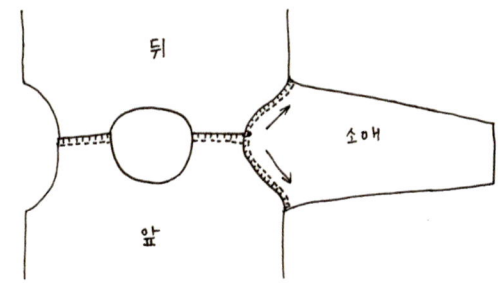

1. 주머니 포인트 작업
앞판 오른쪽 상단 주머니 포인트로 윗시접 한 번 꺾고 나머지 둥근 부분은 다림열로 눌러놓으세요. 시침핀 고정 후, 2mm 상침 박음으로 정교하게 박음질하세요.

3. 소매 합봉
몸판 어깨 중심과 소매 중심의 겉과 겉을 마주하여 진동을 합봉하고 오버로크하세요.

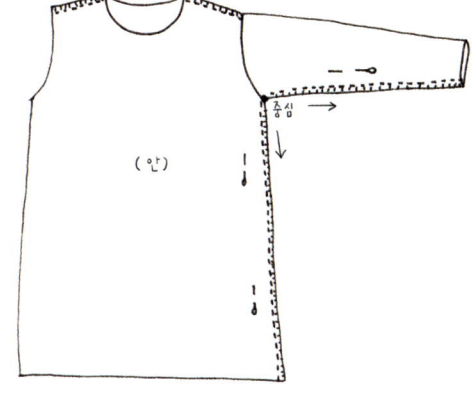

4. 옆선 합봉
겨드랑이 중심을 잡아 소매 쪽 하단과 옆선 쪽을 합봉하고 오버로크하세요.

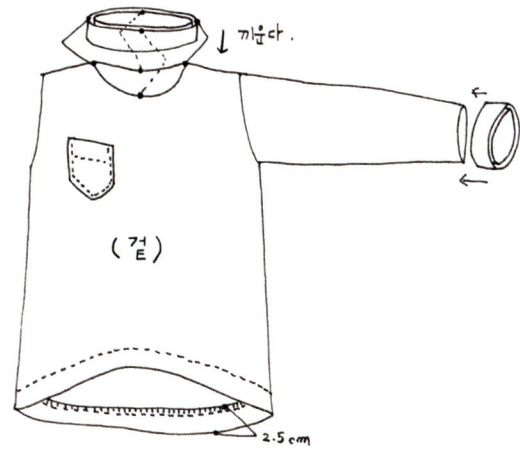

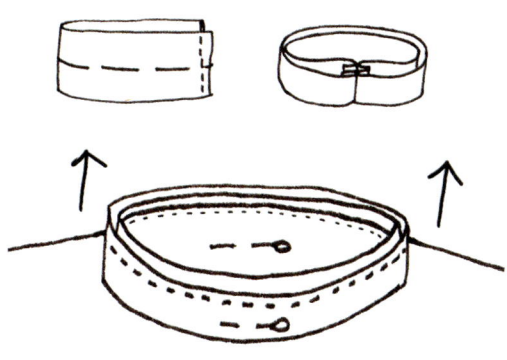

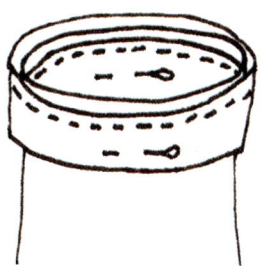

5. 목 시보리 작업
목 부분 고무단을 연결하고 오버로크하세요.

6. 손목 시보리 작업
손목 고무단을 연결하고 오버로크하세요.

7. 밑단 처리
밑단은 오버로크한 후, 2.5cm 한 번 꺾어 박음질하세요.

8. 마무리
포인트 주머니에 단추 하나를 손바느질로 달고, 스팀다리미로 마무리하세요.

컬러플 나글란 T

미니쮸리 소재의 캐주얼하고 활동복 느낌을 살린 나글란 T예요.

재단하기

준비: 뒤판 1장, 앞판 1장, 소매 2장, 목 고무단 14×5cm 1장, 손목 고무단 6×10 2장

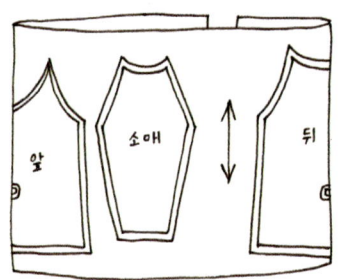
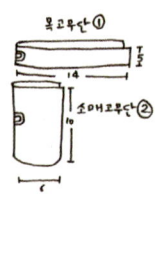

바느질 시작

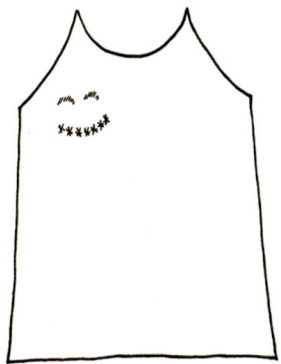

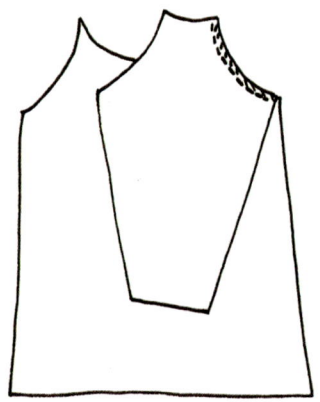

2. 앞 소매 합봉
앞판을 바로 놓은 상태에 소매 부분 중 앞판 표기 부분을 마주하여 앞 진동 둥근라인을 일치하게 박음질하세요. 양쪽 모두 앞 진동 박음질 후에 오버로크하세요.

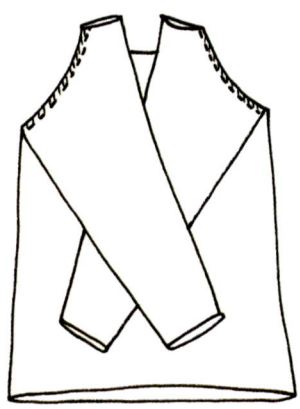

1. 자수 놓기
앞판 포인트로 무지에 자수를 놓았습니다. 요즘에는 자수 전용 고급형 재봉틀이 많이 나와서 활용하기에 좋습니다. 수성펜으로 그림을 그려 자수 모양을 선택해 작동하는데 원단 뒤에 부직포를 대고 하면 훨씬 작업이 수월합니다. 자칫 톱니로 원단을 끌고 들어갈 수 있는 낭패를 막을 수 있습니다.

3. 뒷 소매 합봉
뒤판을 바로 놓은 상태에 뒤판 진동라인을 마주하여 합봉하고 오버로크하세요.

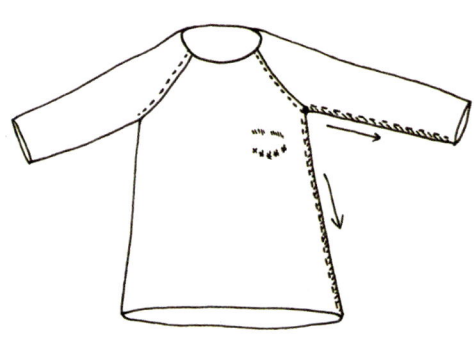

4. 옆선 합봉
겨드랑이 중심을 잡아 소매 쪽과 옆선 쪽을 합봉하고 오버로크하세요.

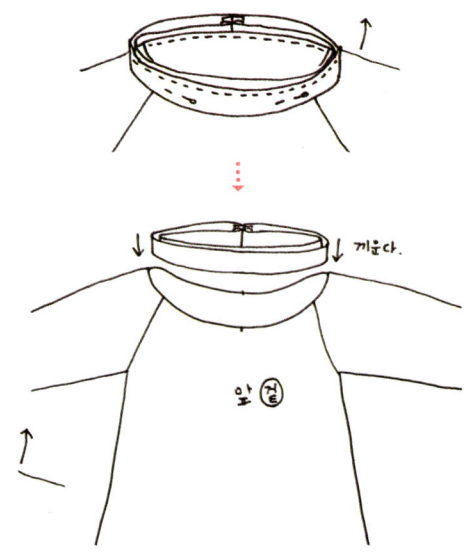

5. 손목 시보리 작업
고무단은 손목 고무단을 2장 합봉하고 손목을 끼워 박음질하세요. 목 둘레 고무단은 합봉하고 목 둘레 4등분을 일치해 박음질하세요. 그리고 모두 오버로크하세요.

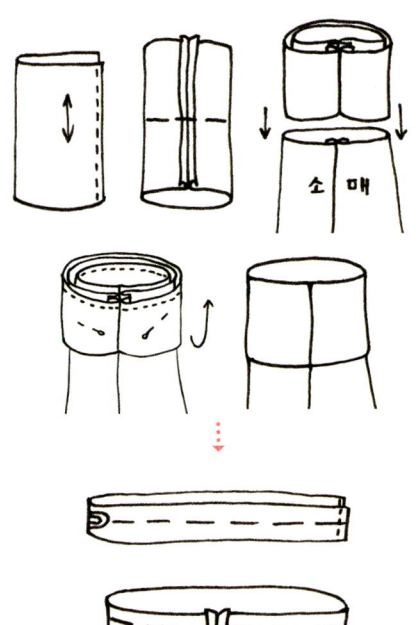

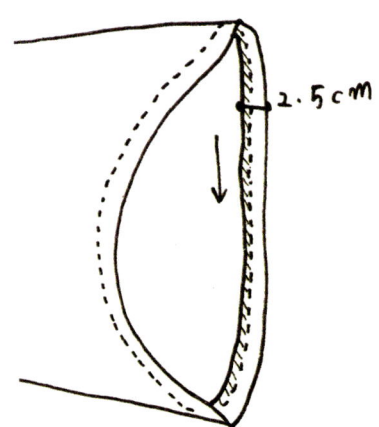

6. 밑단 처리
밑단을 오버로크하고 2.5㎝ 한 번 꺾고 박음질하세요.

미니 실용 주머니

재단하기

준비: 겉감 2장, 안감 2장, 포인트 라벨 1장, 모티브 나염 2장, 테두리 토션, 끈, 방울

겉감 19×26cm 2장, 안감 19×26cm 2장

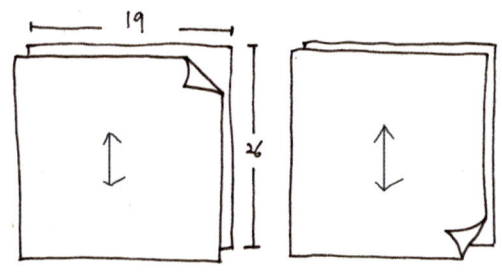

바느질 시작

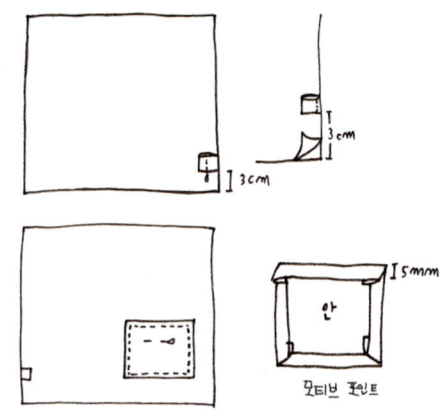

1. 라벨 고정하기
겉감 하단 3cm 윗부분에 끼움라벨을 반 접어 일시 고정해두세요. 포인트로 모티브 나염을 그림 살려 준비하고 사방 5mm 꺾어둔 후, 적당한 위치를 잡아 시침핀을 고정하여 사방 2mm 상침으로 차분히 눌러박기하세요.

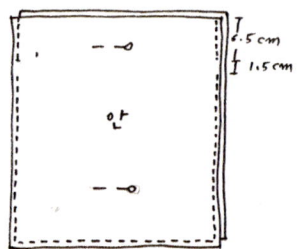

2. 주머니 합봉하기
겉과 겉을 마주하여 6.5cm 박다가 1.5cm 띄우고 박음질하세요.

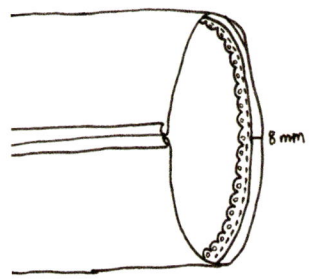

3. 토션 포인트 박음하기
입구에서 겉감 8mm 안쪽에 면토션을 한 바퀴 둘러 미리 박아두세요.

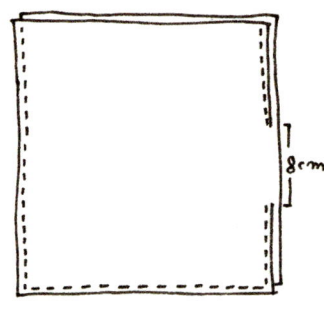

4. 안감 작업하기
안감은 2장 마주하여 박음질하는데, 옆선에 창구멍 8cm를 남기고 박음질하세요.

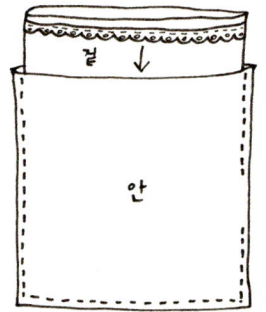

5. 입구 합봉하기
겉감을 뒤집어 겉이 보이게 하고, 안감 박은 것을 커버 씌우듯 덮어 끼우고 겉과 겉이 마주한 입구를 둘러 박으세요.

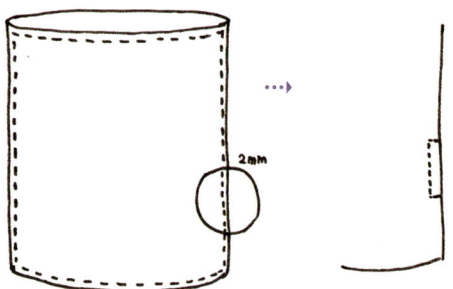

6. 창구멍으로 빼기
창구멍을 통해 완성 모양으로 뺀 후, 창구멍을 2mm 간격으로 세밀하게 박음질하세요.

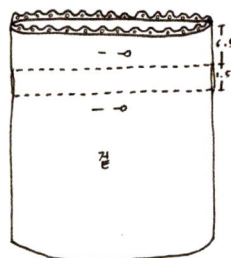

7. 끈 끼울 부분 작업
1.5cm 간격으로 비워둔 옆선 라인을 기준으로 두 줄 초크 표시선을 그어 겉감 위에서 앞뒤 두 줄을 박음질하세요.

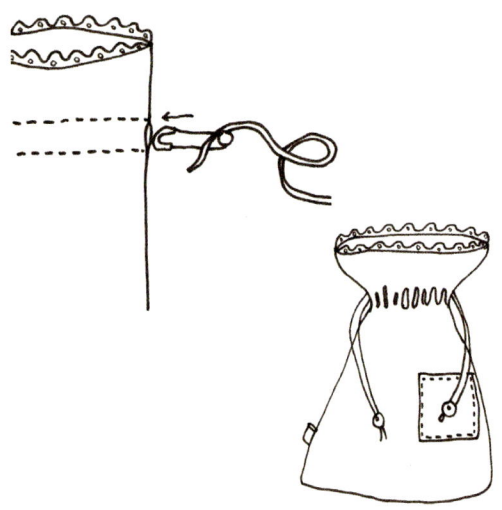

8. 묶음 끈 작업
오시도리끈 1y를 옷핀 꽂아 두 바퀴 돌려 넣은 후, 양쪽 끝에 방울을 끼워 묶음장식하세요.

멋내기 타이

재단하기

준비: 겉감 1장 = 같은 사이즈 접착심지 1장

Tip. 거즈가 체크일 경우, 체크라인을 정바이어스 모양으로 살려 사선 모양으로 재단하세요.
블루, 검정 실크 폴리원단은 위아래가 늘어남이 적은 쪽으로 재단하세요.
시접 없이 실물 패턴 그대로 자르세요.

바느질 시작

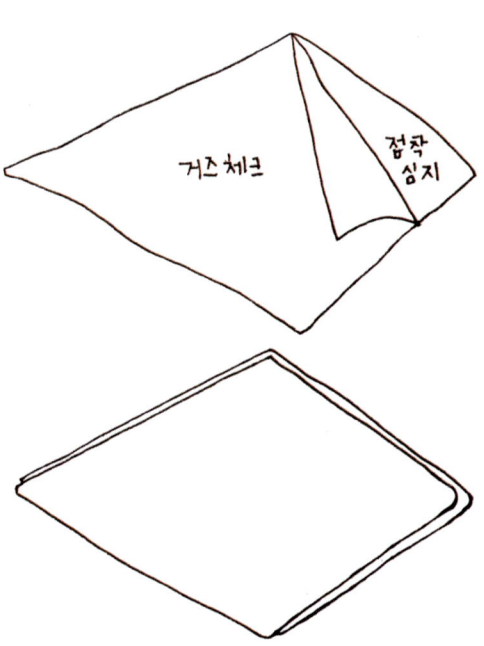

1. 심지 붙여두기
겉감 바로 아래에 풀칠되어 있는 심지를 놓고 겉감 위에서 다림열로 붙여주세요.

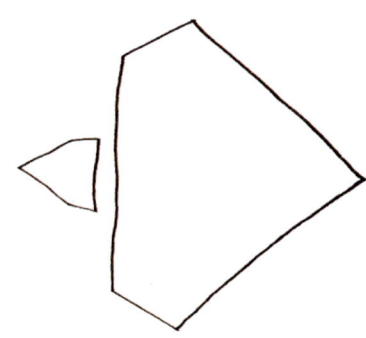

2. 속 단작업
뒷부분 블랙 체크로 양옆 뾰족한 부분을 재단하세요.

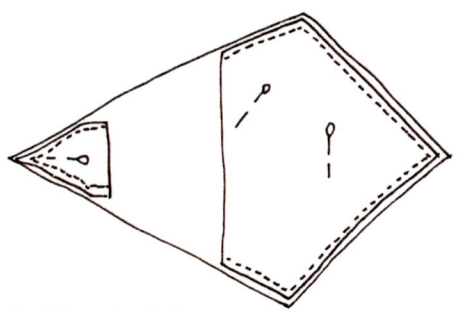

3. 겉감과 속단박기
겉감 안쪽 뾰족한 부분 겉과 안감을 시침핀 고정한 후 박아주세요.

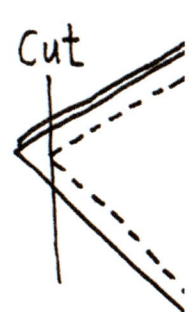

4. 뒤집기
양쪽 박음질 후에 끝 모서리를 시접하고, 끝을 자르고 뒤집으세요.

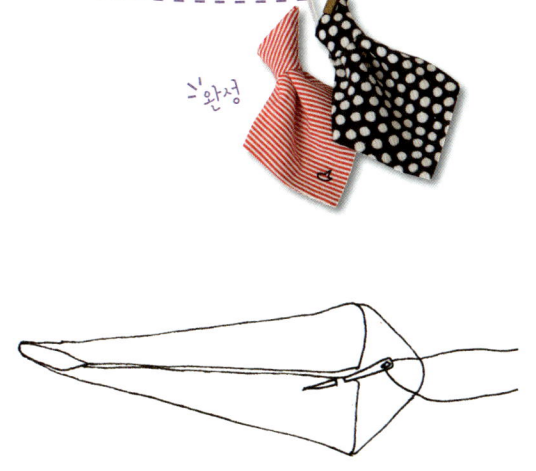

7. 뒷부분 중심 모아 공그르기 손바느질
공그르기로 가지런히 손바느질하세요.

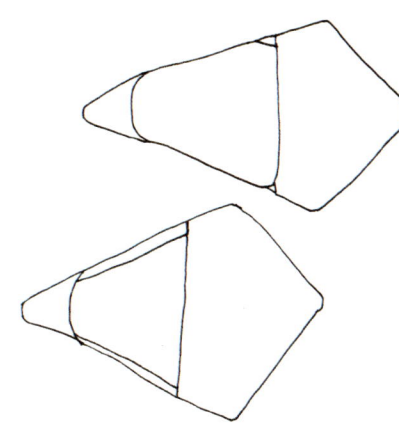

5. 다림질 정리
다림질로 양쪽 시접 1cm를 안쪽으로 꺾어두세요.

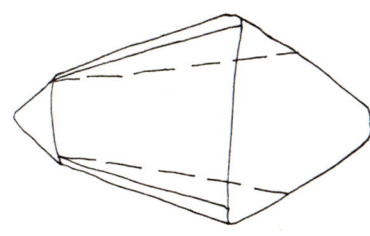

6. 앞타이 중심잡기
가운데 중심을 잡아 마주하게 반을 접으세요.

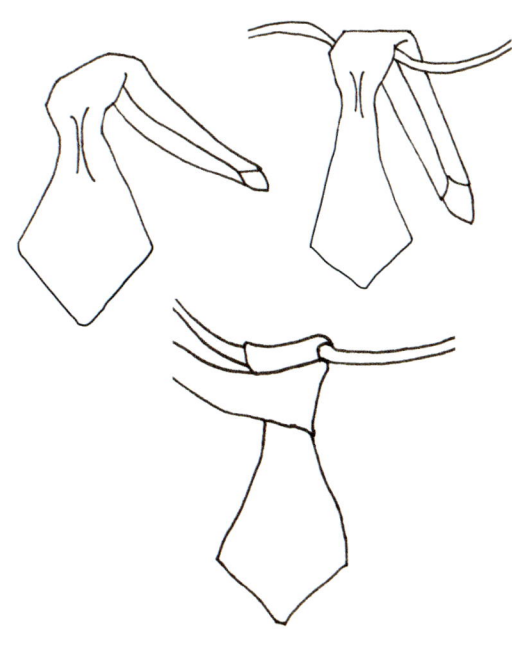

8. 셔츠에 맬 고무줄 작업
고무줄은 35~37cm 정도(어리면 35cm정도, 7세면 37cm정도) 준비해 작은 옷핀을 꽂아 뒷부분을 접어주세요.
목에 걸기 쉽도록 고무줄을 끼워 통과 후에 묶어주세요.

어그 부츠형 룸슈즈

재단하기

준비: 겉감 – 미끄럼방지 발바닥 1쌍, 속지 두께감 있는 원단 1쌍, 발목 겉감 앞쪽 2장, 발등 겉감 2장, 발목 겉감 뒤쪽 2장
안감 – 발바닥 누빔 이중지 다이마루 1쌍, 퍼 발목 앞쪽 2장, 퍼 발등 2장, 퍼 발목 뒤쪽 2장
(홈미싱바늘 14호 or 16호 사용)

Tip. 재단 후 겉감끼리, 안감끼리 배열해두고 원리를 파악해야 혼돈 없이 잘 완성할 수 있어요. 모두 실물 패턴으로 실선을 자르되, 안감 중에서 1번 발바닥 누빔 이중지 다이마루는 어그부츠 안감 발바닥이므로 속에서 뭉치지 않게 실선을 그린 후 5mm 안쪽으로 작게 잘라주세요.

바느질 시작

1. 발바닥 두께감있게 내피준비
미끄럼방지 발바닥 위에 속지 두께감 있는 원단을 얹어 일시고정해 주세요. 시접은 7mm 정도로 쿠션감을 줄 수 있도록 박음질하세요.

2. 겉감 어그 만들기
발목 겉감 앞쪽의 둥글게 패인 부분 중심을 초크로 표시하고 발등 겉감 중심과 마주하여 합봉하세요. 라운드 부분의 가윗밥은 잘라주세요.

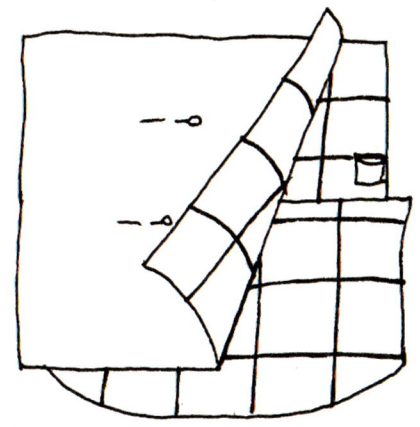

3. 발등과 뒷축 합봉하기
합봉한 것을 바로 놓고, 그 위에 재단된 발목 겉감 뒤쪽을 마주하여 세로 부분을 박음하세요.

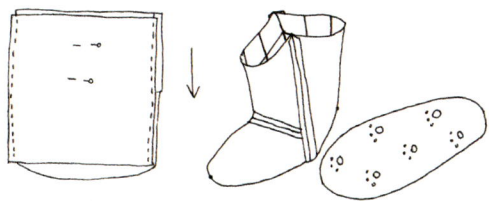

4. 발바닥 중심 표기하기
박음선은 시접 모두 가름솔 처리를 하고, 신발을 반 접어 앞 중심과 뒤 중심을 잡으세요. (뒤집지 말고)

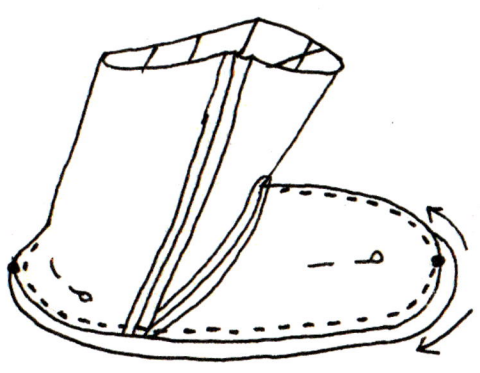

5. 어그부츠부분과 발바닥 합봉하기
미끄럼방지 바닥에 앞 중심, 뒤 중심을 표시하고 신발 겉감이 완성된 것과 앞뒤 중심을 맞춰 시침핀을 고정한 후, 라인을 살려서 박음질하고 가윗밥을 잘라주세요.

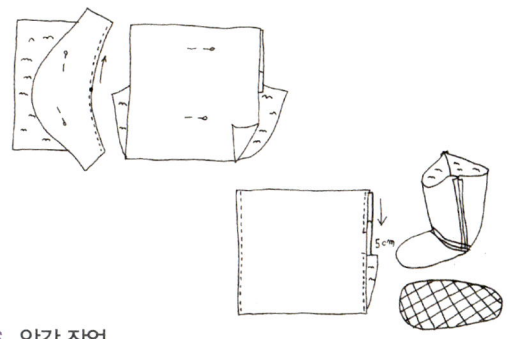

6. 안감 작업
안감 퍼 역시 방법은 같아요. 다만 3번처럼 퍼 앞부분 발등과 앞쪽 퍼 합봉 후에 뒤쪽을 합봉할 때 옆선에 창구멍을 5~6cm 남기고 합봉해야 합니다.

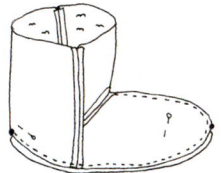

7. 안감부츠와 발바닥 합봉하기
누빔 다이마루 속지에 발바닥 중심을 잡고 안감 퍼와 합봉하세요.
퍼 소재는 늘어날 가능성이 크므로 절대 당기지 말고 모아주면서 일치시키세요.

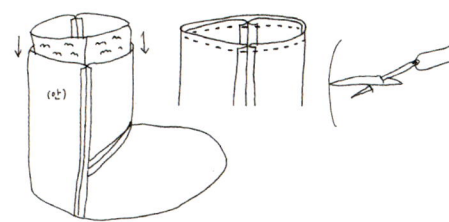

8. 겉감과 안감 입구 테두리 합봉
겉감을 뒤집지 않은 상태에서 안감을 뒤집어 겉감 안에 살짝 넣어본 후 발목둘레를 양옆 이음선에서 시침핀으로 일치시키고 한 바퀴 둘러 박으세요. 퍼는 모아주면서 누빔 겉감의 솜 위에서 박음질하세요.

9. 뒤집어 빼기
창구멍을 통해 신발을 빼고 정돈하세요. 창구멍은 공그르기로 마무리하고, 누빔 안감 발바닥을 제자리에 자리 잡아 넣어주세요.

147

코디 후드

재단하기

준비: 시접 없이 실선 그대로, 패턴 그대로 옮기세요.
(부록으로 2조각이 포장되어 있으니 편리하게 활용하세요)
겉감(블랙 꽈배기 니트) 1장(목둘레), 2장(후드)
안감(어그램스) 퍼 소재 1장(목둘레), 2장(후드)

Tip. 퍼 결선은 털이 아래로 향하게 재단하세요. 또한 재단 후에는 자른 부분에서 나온 털가루를 모두 털고 시작해야 봉제가 수월해요.

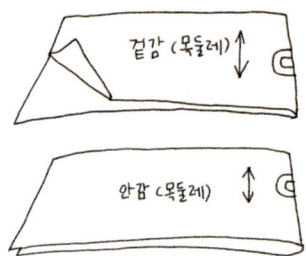

바느질 시작

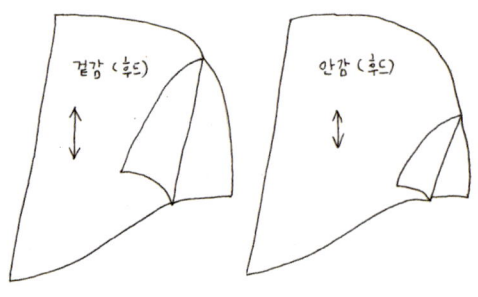

1. 겉감 후드 봉제
늘어나는 소재는 2장 합봉 시 시침핀을 고정해 늘어뜨림 없이 일치하는 봉제가 가장 중요합니다. 겉감 블랙 꽈배기 니트 2장을 마주하여 후드 부분을 박음질하세요.

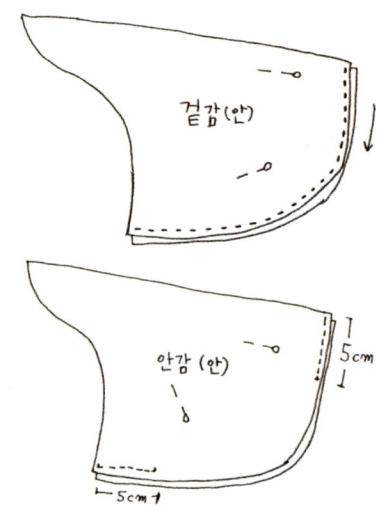

2. 안감 후드 봉제
안감 램스는 시작에서 5cm, 끝부분에서 5cm 박음질하세요. 이때 창구멍을 크고 넉넉하게 남기세요.

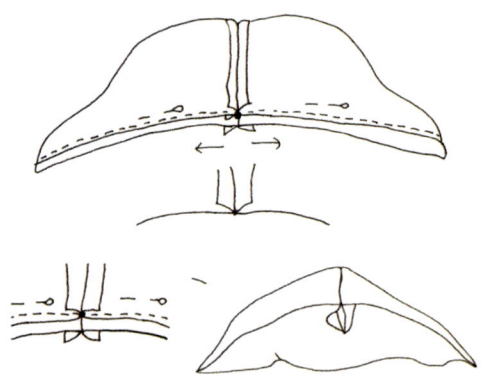

3. 후드 앞라인 합봉 봉제
각각 뒤집은 후, 겉감 꽈배기와 안감 램스를 마주하여 머리 앞라인 중심 가름솔로 시접하여 시침핀을 고정해 합봉하세요. 이것은 중앙에서 시작되는 것이 좋습니다.
(앞이 보이게 뒤집어두기)

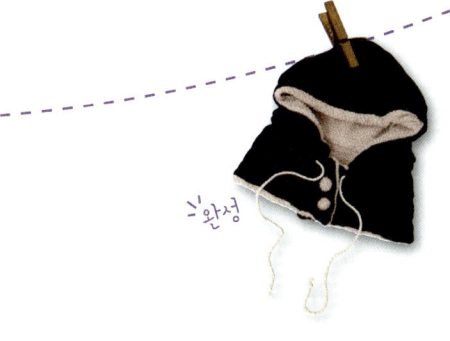

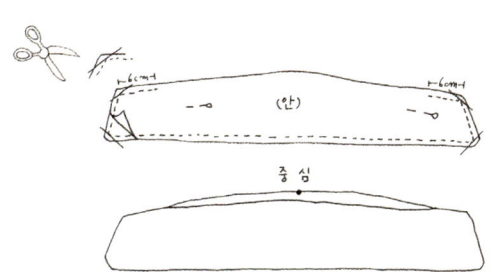

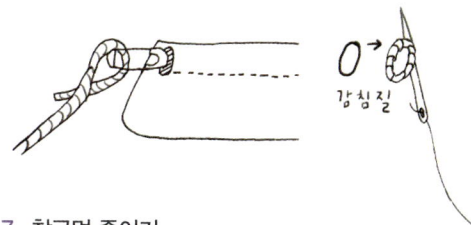

4. 몸판 부분 봉제
목둘레 곡선을 펼쳐 블랙 니트 겉과 램스 겉을 마주하여 합봉하세요. 이때 늘어뜨리지 않게 합봉하고, 후에 사방 모서리를 뒤집어주세요. (cut)

7. 창구멍 줄이기
이제 거꾸로 박음이 될 때까지 겉을 마주하여 박아주면 최소 5cm 정도가 남습니다(손바느질 공그리기).

8. 끈 부분 작업
겉감 블랙 꽈배기 위에서 후드 연결선 2cm 떨어진 부분을 시접자로 초크선을 그리고 위에 그대로 박아 주세요. 이것은 끈을 넣기 위한 부분입니다.
시작과 끝 부분을 쪽가위로 5mm 정도 자르고, 풀어지지 않게 손바느질로 감침질이나 버튼홀 스티치합니다. 옷핀을 꽂아 끈을 끼우고 끈은 양쪽 한 번 묶음 매듭을 하세요.

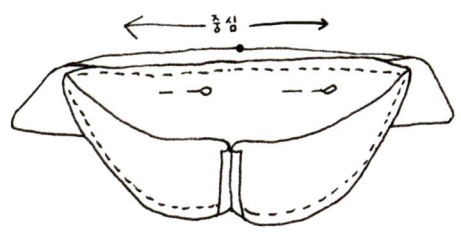

5. 후드와 몸판 합봉 봉제
목둘레 겉감의 중심을 잡아 초크 표시하고 모자 중심과 마주하여 블랙 꽈배기 겉, 램스 겉과 목둘레 중심을 마주하여 시침핀을 고정한 후, 모자 속에 목둘레를 넣어 4겹을 중심에서 합봉하여 일치시키세요.

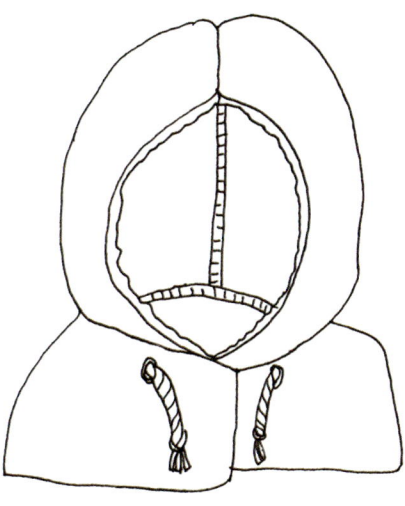

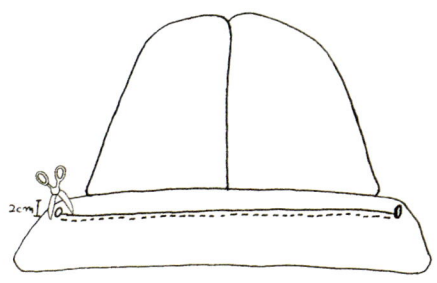

6. 합봉 후 뒤집기
램스 후드 부분에 크게 남겨두었던 창구멍을 통해 뒤집어 빼내세요.

9. 마무리
오른쪽이 덮어지는 단춧구멍 25mm 2개를 작업하고 단추를 달아 주세요.

시크릿 숄더백

재단하기

준비: (한 폭에서 겉감은 여유가 많아 넉넉해 재단하기 쉽고, 안감무늬 원단은 44인치)
겉감 2장, 4온스 접착솜 2장, 안감무늬 2장, 바닥 가죽 겉감 1장, 안감무늬 안주머니 1장

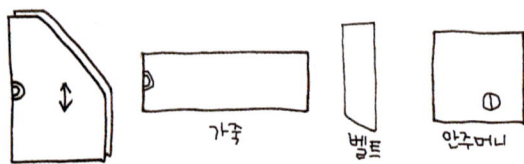

바느질 시작

1. 접착솜 붙이기
겉감 바로 뒤에 풀칠되어 있는 접착솜을 마주 대고 솜 뒤에서 다림열로 지긋이 일시적으로 붙여두세요. 거즈나 손수건을 올려 겉에서 낮은 열로 한 번 눌러주는 게 좋아요.
겉감에 다림열을 대면 위험한 소재이므로 조심하세요.

2. 주머니 작업준비
안감무늬 안주머니는 사방 오버로크한 후, 윗시접에 다림열로 접착다대테이프를 2줄 붙여주세요. 윗시접은 3cm 한 번 꺾어두고 3군데 시계방향으로 7mm 정교하게 꺾어두세요. 윗시접 3cm 꺾어둔 것은 일자박음하세요.

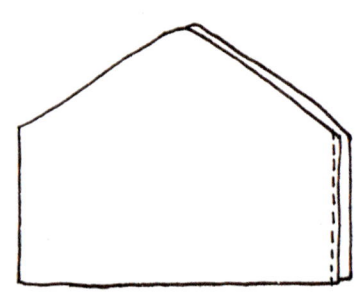

3. 옆선 합봉
안감무늬를 펼쳐 무늬 겉끼리 마주하여 옆선을 합봉하고, 시접은 손톱으로 눌러 가름솔하세요.

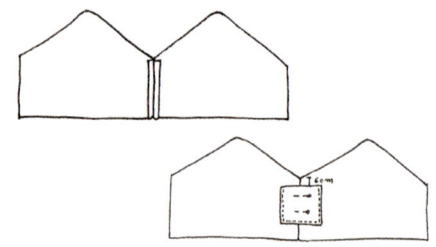

4. 안주머니 작업
펼친 후 중심이 되는 부분에서 6cm 내려온 곳에 2번 안주머니 만든 것을 시침핀 고정하여 삼방을 합봉하고 상침 2mm 스티치 눌러박기하세요.

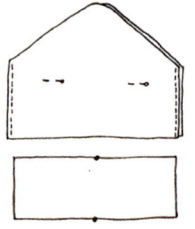

5. 겉감 작업
솜을 부착한 겉감을 마주하여 옆선을 모두 합봉하고 가운데 중심선으로 배열하세요.

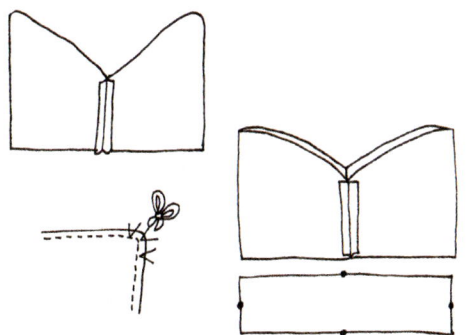

6. 바닥 합봉
솜을 부착한 밑바닥 겉감을 초크로 중심 표시한 후 시침핀 고정하여 바닥을 합봉하세요. 사방 모서리는 가윗밥을 자르고 솜을 정리하고 뒤집어주세요.

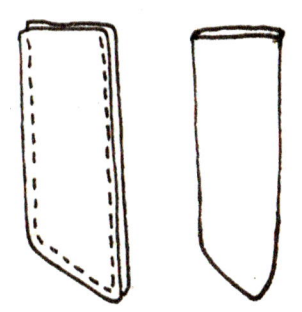

7. 앞 여밈 벨트 부분
벨트 부분은 겉과 안감의 겉을 마주하여 합봉하고 뒤집으세요.

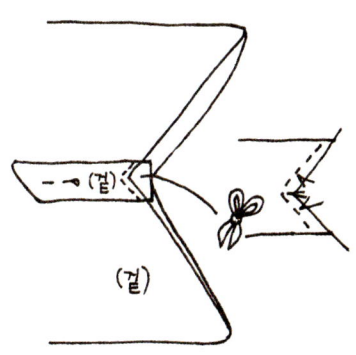

8. 앞 여밈 부분
6번에서 완성한 겉감의 입구 중심 부분 겉과 앞 여밈 벨트 겉을 마주하여 겉감 중심 입구 모양대로 시침핀을 고정한 후 V로 자르고 박음질하세요. 중앙에 가윗밥 총총 내어주세요.

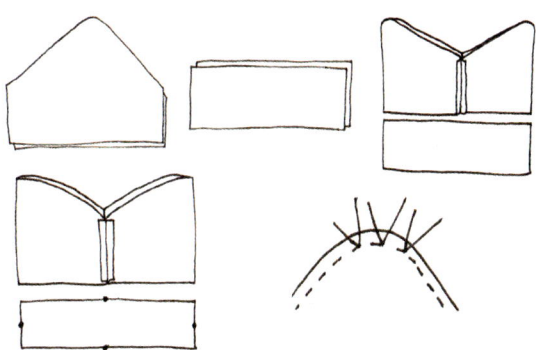

9. 안감 작업
안감도 바닥 중심을 잡아 합봉하세요. 한쪽 긴 부분의 한켠에는 8cm 정도 창구멍을 두고 박으세요.

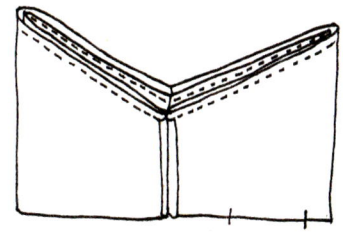

10. 겉감과 안감 입구 합봉
겉감 완성본과 안감 완성본의 겉이 마주하게 옷을 입히듯 씌우고 입구 모두 돌아가며 합봉하세요. 앞 중심 V부분 가윗밥 총총 자른 후 창구멍으로 빼면서 뒤집어 자리를 정리하고 창구멍은 박음질하세요.

11. 포인트 퀼팅 손작업
테두리와 여밈 벨트 부분은 퀼팅으로 손바느질하세요. 손잡이 부분 양옆에 구멍이 있는 부분도 튼튼히 손바느질해도 되고, 구멍에 맞춰 돌려가며 미싱작업해도 됩니다.

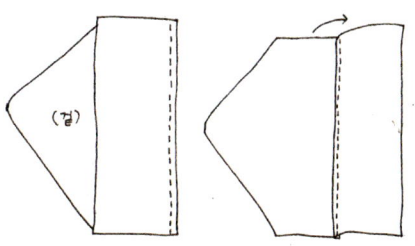

Tip. 가죽을 하단에 패치하고 싶을 땐
준비: 나염 겉감 2장, 가죽 2장, 가방 바닥 부분에 들어갈 나염 겉감 1장 더.

겉감은 별도 재단하여 먼저 겉감과 하단 가죽을 마주하여 패치 봉제 박음질하세요. 펼쳐서 가죽 위에서 2mm 간격으로 눌러박기 상침하세요.

애견 나글란 가디건

재단하기

준비: 필요한 치수: 뒷목중심 ~ 등길이, 가슴둘레
애견의 편안함을 고려해 신축이 좋은 T셔츠 소재를 활용하는게 좋다.
앞테두리 여밈 고무단 2장, 몸판 1장, 소매 2장, 앞테두리 고무단은 몸판의 길이와 같게 폭 5cm로 2장 재단.
목부분 고무단도 폭은 5cm×길이는 70%

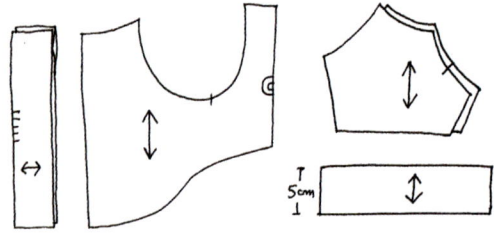

바느질시작

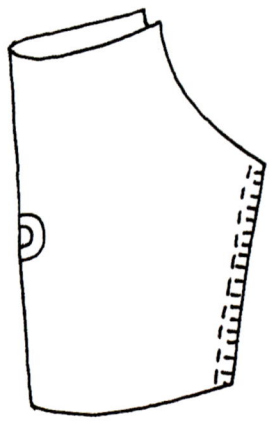

1. 소매를 반접어 박음질한 후 오버로크하세요. (두장 모두)

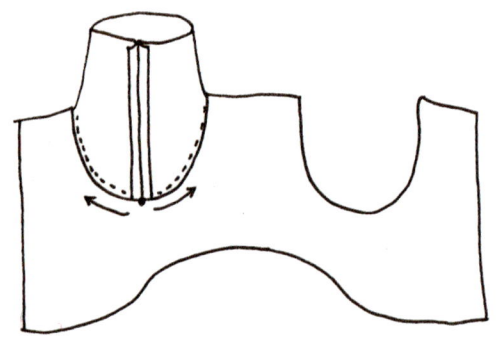

2. 몸판의 앞뒤쪽 구분이 있으므로 소매의 진동 앞, 뒤도 맞추어 마주하여 합봉한 후 오버로크하세요.

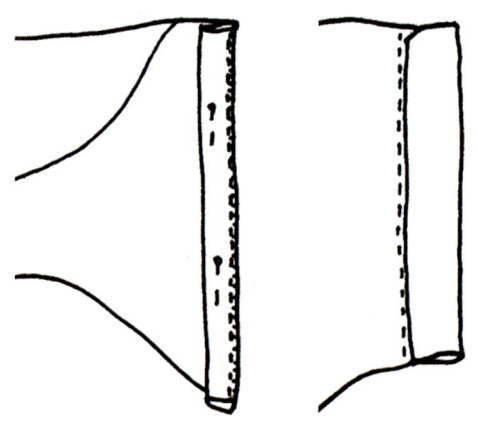

3. 등 부분 여밈부분에 테두리 고무단을 반접어 당기지 않고 박음후 오버로크하세요. 몸판쪽으로 시접을 넘기고 2mm 상침 눌러박기하세요.

미싱의 종류

★ 작품을 만들려면 재봉틀과 오버로크는 필수 도구이다.

재봉틀은 훌륭한 작품을 완성하는데 무한한 도움을 주는 보물 1호감이다. 한번 구입시 10년은 쓴다는 생각으로 신중하게 고를 필요성이 있다. 비싼 것이 무조건 좋은 것은 아니지만 너무 저가 상품을 구입하면 잔고장이 쉽게 나므로 중저가 이상의 보급형을 추천한다.

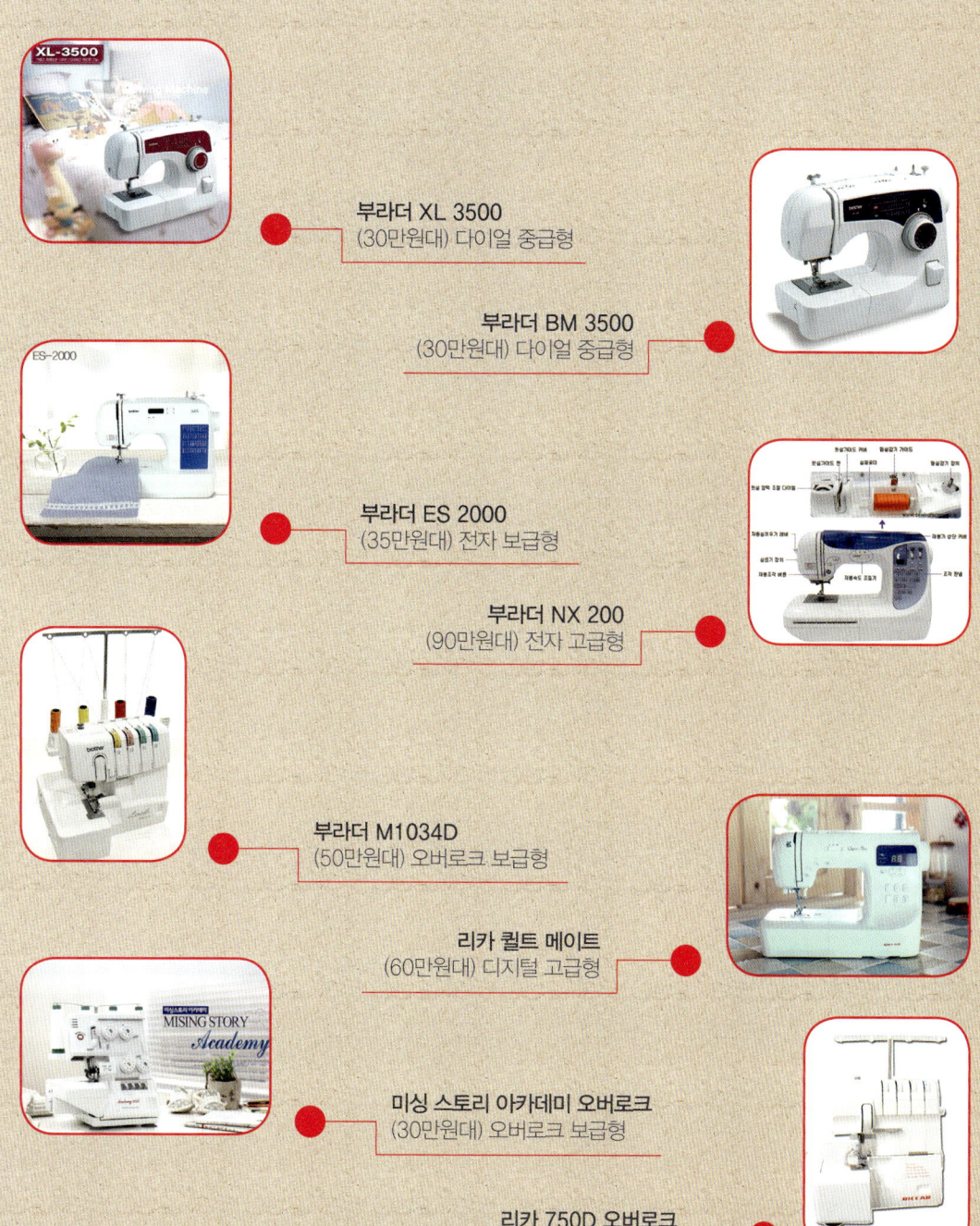

부라더 XL 3500
(30만원대) 다이얼 중급형

부라더 BM 3500
(30만원대) 다이얼 중급형

부라더 ES 2000
(35만원대) 전자 보급형

부라더 NX 200
(90만원대) 전자 고급형

부라더 M1034D
(50만원대) 오버로크 보급형

리카 퀼트 메이트
(60만원대) 디지털 고급형

미싱 스토리 아카데미 오버로크
(30만원대) 오버로크 보급형

리카 750D 오버로크
(45만원대) 오버로크 고급형

하루도 빠짐없이 이곳에선
매일 드르륵 드르륵
재봉틀 소리가 끊이지 않는다.
전국에서 매일 바느질을 공유하며
작품을 만드는 공간.
아~ 이곳이 진정 행복 공간이라는 것을
여러분도 느끼고 공감해 보세요.